TRAUMA
Die Wunden der Gewalt

SEELISCHE TRAUMATISIERUNG
KOMPLEXTRAUMA
PTSD

URSACHEN — FOLGEN
BEWÄLTIGUNG

Inhalt

Leben in einer zerbrochenen Welt 2
Diagnostische Kriterien PTBS 4
Folgen von lang dauerndem Extremstress 5
Wie toxisch ist ein Trauma 6
Verzögertes Auftreten im Alter 7
Komorbidität — Zusätzliche Probleme 8
Verlaufsformen 9
Flashbacks — Hypervigilanz — Vermeidung 10
Trauma und Gehirn 12
Sensibilität und Disposition 14
Sexueller Missbrauch im Kindesalter 15
Auswirkungen sexueller Ausbeutung 18
Ein typisches Täterprofil 18
Aufdecken und vorbeugen 20
Auswirkung auf die Paarbeziehung 20
Phasen der Therapie 21
Spezifische Methoden — PITT und EMDR 22
Dissoziation 23
Multiple Persönlichkeit — DID 24
Falsche Anwendung des Traumakonzepts 26
Sensibilität und das Leiden an der Kindheit 28
False Memory Syndrome 29
Verfolgung, Folter und Migration 30
Nationales Trauma und Versöhnung 31
Seelsorge: Wo ist Gott? 32
Die Frage nach dem Bösen 34
Geistlicher Missbrauch 35
Sekundärtrauma — Leiden an der Not der andern 36
Resilienz entwickeln nach einem Trauma 38
Post-traumatic Growth 39
Literatur und Internet-Links 40

TRAUMA — Wehrlos ausgeliefert?

Gewalterfahrungen haben eine tiefgreifende Wirkung auf das seelische Gleichgewicht eines Menschen. Immer wieder sind wir konfrontiert mit Frauen, die an den Folgen sexueller Gewalt leiden oder mit Menschen aus Kriegsgebieten, die äußerlich in Frieden leben, aber innerlich zerbrochen sind.

Lange Zeit hatte man das Problem posttraumatischer Störungen gar nicht wahr haben wollen. Erst 1980 wurde die PTSD als eigenständige Diagnose in das Diagnostische Manual der American Psychiatric Association aufgenommen. Endlich wurde anerkannt, dass es sich um gravierende Störungen von Krankheitswert handelte und nicht nur um mangelnde Belastbarkeit.

Seit dieser Zeit wurde viel geforscht auf dem Gebiet der posttraumatischen Störungen. Heute ist es wissenschaftlich unbestritten: Traumatische Erlebnisse können im Verlauf des Lebens einen tiefgreifenden, manchmal lebenslangen Einfluss auf die Psyche und die Biologie eines Menschen haben.

Wie wirken sich Traumatisierungen auf das Leben eines Menschen aus, auf seine Beziehungen oder auf seine Arbeitsfähigkeit? Wie erkennt man eine posttraumatische Störung und wie geht man sie therapeutisch an? Und wie kann man beitragen, dass Kinder in unserer Gesellschaft vor Gewalt geschützt werden?

Vielleicht legt sich in unserem Begleiten traumatisierter Menschen eine gewisse Melancholie über uns, ein Schauen hinter die Glitzerfassaden dieser Welt, in einen Abgrund des Bösen, dem wir oft so wehrlos gegenüberstehen.

Da macht es Mut, dass sich in den letzten Jahren ein neues Forschungsfeld unter

«Psychisches Trauma ist das Leid der Ohnmächtigen. Traumatische Ereignisse schalten das soziale Netz aus, das dem Menschen gewöhnlich das Gefühl von Kontrolle, Zugehörigkeit und Sinn gibt.» (J. Hermann)

dem Stichwort der Resilienz aufgetan hat: Welches sind die Faktoren, die einem Menschen helfen, besser mit schweren Erlebnissen fertig zu werden? Gibt es sogar einen Schutz vor tiefgreifenden seelischen Wunden — trotz traumatischen Erfahrungen? Ja, kann man vielleicht sogar an traumatischen Erfahrungen innerlich wachsen? In diesem Sinne hoffe ich, dass die Broschüre anregt zu einer weiteren Sicht und zu einer hoffnungsvolleren Perspektive.

Dr. med. Samuel Pfeifer

WWW.SEMINARE-PS.NET

Leben in einer zerbrochenen Welt

Wir leben nicht in einer heilen Welt. Als Therapeuten und Seelsorgerinnen hören wir im Schutz unseres Sprechzimmers oft Geschichten, die uns beinahe das Herz brechen.

Menschen, die ein Trauma erlebt haben, sind oft für das ganze Leben gezeichnet und verändert. In den Kriterien für eine Posttraumatische Belastungsstörung (PTBS) werden diese Traumatas umschrieben mit folgenden Worten:

SEXUELLER MISSBRAUCH, HÄUSLICHE GEWALT

UNFÄLLE, KRIMINALITÄT

KRIEG, FOLTER, KATASTROPHEN

ARMUT, HUNGER, VERWAHRLOSUNG

«Die Person erlebte, beobachtete oder war mit einem oder mehreren Ereignissen konfrontiert, die tatsächlichen oder drohenden Tod oder ernsthafte Verletzung oder eine Gefahr der körperlichen Unversehrtheit der eigenen Person oder anderer Personen beinhalteten. Die Reaktion der Person umfasste intensive Furcht, Hilflosigkeit oder Entsetzen.»

Es handelt sich also nicht um die «gewöhnlichen» seelischen Verletzungen, wie Liebesenttäuschung, Scheidung oder Trauer über den Verlust eines lieben Menschen, sondern um schwerwiegende und außergewöhnliche Erfahrungen.

Dennoch hatte es die Diagnose schwer, in den Katalog anerkannter seelischer Störungen aufgenommen zu werden. Obwohl die «Schreckneurose» schon im ersten Weltkrieg beschrieben wurde, wuchs erst in den 70-er Jahren das Bewusstsein, dass es gemeinsame Symptome nach dem Durchleben einer derartigen Erfahrung gab. Dabei waren nicht nur Kriegsveteranen betroffen, sondern auch Kinder und Frauen nach sexuellen Übergriffen, Menschen nach einem Unfall, Opfer eines Überfalls oder Kinder, die im Rahmen von Armut und Verwahrlosung lang dauernde seelische und körperliche Grausamkeit erlitten.

DENNOCH: Nicht alle Menschen entwickeln nach derartigen Erfahrungen ein Posttraumatisches Belastungssyndrom. Auf den folgenden Seiten sollen Definitionen und Entstehungsbedingungen genauer dargestellt werden, um die langfristigen Folgen von Gewalt und Trauma besser zu verstehen.

Vier Beispiele zur Einleitung

BEISPIEL 1

Die 14-jährige Judith ist lebensfroh und eigenwillig. Sie genießt das Partyleben in der Stadt. Die Ermahnungen der Eltern findet sie vorgestrig. Aber dann fängt sie an daheim zu bleiben, zieht sich in ihr Zimmer zurück. Sie weint nur noch, isst nicht mehr, geht nicht mehr zur Schule. Nachts wacht sie oft schreiend auf. Schließlich kann sie sich ihren Eltern anvertrauen: Sie ist nach einer Party unter dem Einfluss von Ecstasy und Alkohol von einem «Freund» vergewaltigt worden.

BEISPIEL 2

Sohrab, ein 10-jähriger Waisenjunge aus Afghanistan wird von seinem Onkel in den USA adoptiert. Eigentlich müsste er jetzt glücklich sein – das Leben steht ihm offen. Aber Sohrab redet kaum ein Wort, oft sitzt er zurückgezogen in einer Ecke, in der Nacht krümmt er sich wie ein Fötus in seinem Bett. Das Duschen ist immer eine lange Prozedur. Der Hintergrund: Der Junge erlebte die Ermordung seiner Eltern durch die Taliban, die Lieblosigkeit in einem Waisenhaus und später den sexuellen Missbrauch durch einen pädophilen Warlord. Er wagt es nicht mehr, dem Glück des Lebens zu trauen.
(aus: Khaled Hosseini: Der Drachenläufer)

BEISPIEL 3

Ein 52-jähriger Schreiner lässt am Arbeitsplatz zunehmend nach. Oft starrt er vor sich hin, wie verloren; nachts kann er nicht schlafen, er wird von diffusen Ängsten geplagt. Auch die Familie erlebt ihn völlig verändert. Der Hintergrund: Vor sechs Jahren geriet er zusammen mit seinem Bruder in einen orkanartigen Sturm. Eine riesige Tanne fiel auf die beiden und begrub sie unter sich – sein Bruder wurde erschlagen, er überlebte. Zuerst ging das Leben weiter wie zuvor, doch etwa vier Jahre später traten die Symptome auf.
(vgl. Protrahierte PTDS, S. 9 in diesem Heft)

> «Ich wünschte mir zu sterben, mein Menschen- und Weltbild brach zusammen, und ich begann zu hassen.»

BEISPIEL 4

Ein friedliebender Weltenbummler gerät in Afrika in einen Stammeskonflikt: «Ich lag mehrere Tage gefesselt auf dem Boden, neben mir viele andere Gefangene und Tote. Ich erlebte Vergewaltigung und grauenhafte Massaker an Frauen, Kindern und Männern hautnah mit. Dabei erlitt ich schwerste körperliche Misshandlungen und Folter. Ich wünschte mir zu sterben, mein Menschen- und Weltbild brach zusammen, und ich begann zu hassen.»

WWW.SEMINARE-PS.NET

Posttraumatische Belastungsstörung – PTBS

A. Die Person wurde mit einem traumatischen Ereignis konfrontiert, bei dem die beiden folgenden Kriterien vorhanden waren:

(1) Die Person erlebte, beobachtete oder war mit einem oder mehreren Ereignissen konfrontiert, die tatsächlichen oder drohenden Tod oder ernsthafte Verletzung oder eine Gefahr der körperlichen Unversehrtheit der eigenen Person oder anderer Personen beinhalteten.

(2) Die Reaktion der Person umfasste intensive Furcht, Hilflosigkeit oder Entsetzen.

B. Wiedererleben des traumatischen Ereignisses in folgender Weise (mind. 1):

(1) Wiederkehrende und eindringliche belastende Erinnerungen an das Ereignis, die Bilder, Gedanken oder Wahrnehmungen umfassen können.

(2) Wiederkehrende, belastende Träume von dem Ereignis.

(3) Handeln oder Fühlen, als ob das traumatische Ereignis wiederkehrt.

(4) Intensive psychische Belastung bei der Konfrontation mit internalen oder externalen Hinweisreizen, die einen Aspekt des traumatischen Ereignisses symbolisieren oder an Aspekte desselben erinnern.

(5) Körperliche Reaktionen bei der Konfrontation mit internalen oder externalen Hinweisreizen.

C. Anhaltende Vermeidung von Reizen, die mit dem Trauma verbunden sind, oder eine Abflachung der allgemeinen Reagibilität (mind. 3 Symptome):

(1) Bewusstes Vermeiden von Gedanken, Gefühlen oder Gesprächen, die mit dem Trauma in Verbindung stehen.

(2) Bewusstes Vermeiden von Aktivitäten, Orten oder Menschen, die Erinnerungen an das Trauma wachrufen.

(3) Unfähigkeit, einen wichtigen Aspekt des Traumas zu erinnern.

(4) Deutlich vermindertes Interesse oder verminderte Teilnahme an wichtigen Aktivitäten.

(5) Gefühl der Losgelöstheit und Fremdheit von anderen.

(6) Eingeschränkte Bandbreite des Affekts (z.B. Unfähigkeit, zärtliche Gefühle zu empfinden).

(7) Gefühl einer eingeschränkten Zukunft (z.B. erwartet nicht, Karriere, Ehe, Kinder oder normal langes Leben zu haben).

D. Anhaltende Symptome erhöhter Anspannung (vor dem Trauma nicht vorhanden). Mindestens zwei der folgenden Symptome liegen vor:

(1) Schwierigkeiten, ein- oder durchzuschlafen.

(2) Reizbarkeit oder Wutausbrüche.

(3) Konzentrationsschwierigkeiten.

(4) Übermäßige Wachsamkeit (Hypervigilanz).

(5) Übertriebene Schreckreaktionen.

(in Anlehnung an das DSM-IV *)

* DSM-IV = Diagnostisches und Statistisches Manual Psychischer Störungen

Folgen von lang dauerndem Extremstress

Manchmal ist es nicht ein einzelnes Erlebnis, das einen Menschen traumatisiert. Vielmehr müssen manche Menschen jahrelang unter schwersten Bedingungen leben, die ihnen dauernde seelische Schäden zufügen. Diese Traumafolgen bezeichnet man als DESNOS = «Disorders of extreme stress, not otherwise specified» oder als «Komplexe posttraumatische Belastungsstörung».

Hier sind in verkürzter Form die diagnostischen Kriterien:

1. Der Patient war über einen längeren Zeitraum totalitärer Herrschaft ausgeliefert, wie zum Beispiel Geiseln, Kriegsgefangene, Überlebende von Konzentrationslagern oder Aussteiger aus religiösen Sekten, aber auch lang dauernder sexueller Missbrauch oder schwere seelische oder körperliche Misshandlung, sei es in der Familie oder Ausbeutung durch organisierte Banden.

2. **Störungen der Gefühle**, darunter anhaltende Verstimmung, chronische Suizidgedanken, Selbstverletzung, aufbrausende oder extrem unterdrückte Wut, zwanghafte oder extrem gehemmte Sexualität (eventuell alternierend).

3. **Bewußtseinsveränderungen**, darunter Gedächtnisverlust (Amnesie) oder überscharfe Erinnerungen (Hypermnesie) an die Ereignisse, zeitweilig dissoziative Phasen, Depersonalisation/Derealisation, intrusive Symptome der posttraumatischen Belastungsstörung oder ständige grüblerische Beschäftigung mit dem Erlebten.

4. **Gestörte Selbstwahrnehmung,** darunter Ohnmachtsgefühle, Lähmung jeglicher Initiative, Scham und Schuldgefühle, Selbstbezichtigung, Gefühl der Beschmutzung und Stigmatisierung; Gefühl, niemand könne ihn verstehen oder sie sei «mutterseelenallein».

5. **Gestörte Wahrnehmung des Täters,** ständiges Nachdenken über die Beziehung zum Täter (auch Rachegedanken); unrealistische Einschätzung des Täters, der für allmächtig gehalten wird; Idealisierung oder paradoxe Dankbarkeit; Gefühl einer besonderen oder übernatürlichen Beziehung; Übernahme des Überzeugungssystems des Täters.

6. **Beziehungsprobleme,** darunter Isolation und Rückzug, gestörte Intimbeziehungen, wiederholte Suche nach einem Retter, anhaltendes Misstrauen, wiederholt erfahrene Unfähigkeit zum Selbstschutz.

7. **Veränderung des Wertesystems,** Verlust fester Glaubensinhalte, Gefühl der Hoffnungslosigkeit und Verzweiflung.

BILD: aus einer Aufklärungsschrift gegen Kinderprostitution in Kambodscha (World Vision).

Wie toxisch ist ein Trauma?

Nicht jedes Trauma führt zu einer Posttraumatischen Belastungsstörung (PTBS). So entwickeln Opfer einer Vergewaltigung in etwa 50 Prozent der Fälle eine PTBS innerhalb der folgenden drei Monate, Opfer eines Verkehrsunfalls nur in ca. 10 Prozent. Das Risiko einer PTBS wird kleiner bei folgenden Umständen:
— Das Trauma ist Teil des allgemeinen Erlebens im sozialen Umfeld (z.B. gemeinsame Not nach einem Erdbeben oder Tsunami).
— Das Trauma wird einem durch einen Menschen zugefügt, den man nicht kennt (wichtig bei sexuellen Übergriffen).
— Das Trauma ist nicht lebensbedrohlich (sexuelle Belästigung).
— Nach dem Trauma erhält man rasch Hilfe und Trost.

TYP-I-TRAUMA:
Einmaliges traumatisches Erlebnis (z.B. Überfall, Vergewaltigung).

TYP-II-TRAUMA:
Lang anhaltende wiederholte Traumata (z.b. Gefangenschaft, wiederholter sexueller Missbrauch), Erleben von extremer Hilflosigkeit und Demütigung, die zu einer tief greifenden Erschütterung existentieller Grundannahmen über den Wert der eigenen Person führt.

DREI HAUPTSYMPTOME
— Wiedererleben des Traumas (Intrusion)
— Vegetative Übererregbarkeit (Arousal)
— Vermeidungsverhalten (Avoidance)

SCHWERE REAKTIONEN SIND ZU ERWARTEN:
Besonders schwere Reaktionen sind zu erwarten bei folgenden Umständen eines Traumas (häufig in der Kindheit):

1. Lange Dauer.	9. Persönlichkeit ist noch nicht gefestigt.
2. Häufige Wiederholung.	10. Sexuelle Gewalt.
3. Schwere körperliche Verletzung.	11. Sadistische Folter.
4. Vom Opfer schwer zu verstehen.	12. Mehrere Täter.
5. Gewalt durch andere Menschen.	13. Opfer hatte starke Dissoziationen.
6. Täter ist nahe stehende Person.	14. Niemand stand dem Opfer unmittelbar nach dem Ereignis bei.
7. Opfer hatte (hat) den Täter gern.	15. Niemand hat nach der Tat mit dem Opfer darüber gesprochen.
8. Opfer fühlt sich mitschuldig.	

(modifiziert nach M. Huber)

Häufigkeit von PTBS

Zur Häufigkeit einer PTBS gibt es unterschiedliche Zahlen. So fand eine Studie in den USA (Kessler et al. 1995) über das ganze Leben eine Häufigkeit von 7,8 Prozent, was nahe an die Erkrankungszahlen von Depression und Angststörungen kommt.

Eine Studie in Deutschland (Maercker et al. 2008) fand innerhalb des Zeitraums von einem Monat deutlich niedrigere Werte: 2,3% der Befragten zeigten ein PTBS-Vollbild, 2,7% ein Teil-Syndrom. Männer und Frauen waren etwa gleich häufig betroffen.

Allerdings gab es erstaunliche Unterschiede je nach Altersgruppe: Am häufigsten war in Deutschland eine PTBS bei Menschen über 60 (3,4%). Am niedrigsten war die Rate bei jungen Menschen zwischen 14 und 29 (1,3%). Etwa dazwischen liegen die 30 bis 59-Jährigen mit 1,9%. Als Erklärung ergibt sich die Geschichte des Zweiten Weltkrieges, der in den Seelen der älteren Generation tiefe Wunden hinterlassen hat.

Ganz anders würde eine solche Statistik in einem Land aussehen, das erst kürzlich durch einen Krieg oder eine Katastrophe gegangen ist.

Letztlich können aber nackte Statistiken niemals das Leid einzelner Menschen wiedergeben.

Verzögertes Auftreten im Alter

Die Kinder, die den 2. Weltkrieg miterlebt hatten, waren sicher schwer traumatisiert. Aber nach Kriegsende ging es einfach ums Überleben. Erst viele Jahre später traten typische Symptome einer Traumatisierung auf – Flashbacks von Bildern und Gerüchen, nächtliche Panik, Schlaflosigkeit. Jeder 20. Deutsche über 63 leidet gemäß einer Studie an einer PTBS.

Der Gehirnforscher Markowitsch erklärt dies wie folgt: Das Gehirn verliert im Alter täglich 85'000 Nervenzellen. Dies zieht die normalen Folgen des Alters nach sich: Man bewegt sich langsamer, denkt langsamer und braucht mehr Zeit, um den Alltag zu bewältigen. Aber das Gedächtnis verliert auch seine «neuronale Sicherung» – das Gehirn kann weniger gut verdrängen. «Geschieht dann etwas Grausames, dringen die früheren grausamen Erlebnisse ungebremst ins Bewusstsein.»

(nach einem Artikel im SPIEGEL 12/2008)

BEISPIEL

Ein Mann, der als Junge flüchten musste, suchte lange nach den Ursachen für seine Traurigkeit. «Anfangs hielt ich das nicht für normal», sagt er. «Ohne ersichtlichen Grund laufen mir Tränen über das Gesicht. Seit ich weiß, womit das zusammenhängt, kann ich besser damit leben.»

Ein Soldat hatte dem kleinen Jungen auf der Flucht den Teddy weggenommen, das einzige Spielzeug, das ihn begleitete. Als er weinte, lachte der Soldat ihn aus, und die Mutter schlug ihren Sohn mit der Hand auf den Mund.

«Es klingt noch ungewohnt, wenn ich als Mann sage: Es ist das Kind in mir, das weint», sagt er. «Aber es ist so.»

(nach einem Buch von Gertrude Ennulat: Kriegskinder. Wie die Wunden der Vergangenheit heilen. Klet-Cotta.

Komorbidität — zusätzliche Probleme

Traumatisierte Patienten erklären häufig nicht sofort den Hintergrund ihrer Probleme. Dies führt dazu, dass der Arzt mit einer Vielzahl von Symptomen konfrontiert wird, die ganz unterschiedlichen Störungen bzw. Diagnosen zugeordnet werden können.

Gerade das schambesetzte Erleben eines sexuellen Missbrauchs führt oft dazu, dass die betroffenen Frauen zuerst mit Klagen über körperliche Beschwerden, Ängste oder Beziehungsprobleme in die Sprechstunde kommen, bevor sie etwas von den Hintergründen des Traumas preisgeben.

SYMPTOMATIK	KLINISCHE DIAGNOSE
Intrusion, Vermeidungsverhalten	PTBS
Soziale Ängste, Phobien	Angststörungen
Suizidalität, Hoffnungslosigkeit	Depressive Störung
Erschöpfung, Schmerzsyndrome, erhöhtes vegetatives Erregungsniveau	Somatoforme Störungen
Amnesien, Depersonalisation, Derealisation	Dissoziative Störungen
Beziehungsstörungen, Misstrauen, Impulsivität, Selbstverletzen, Scham und Schuldgefühle	Persönlichkeitsstörungen
Alkohol- und Medikamentenmissbrauch	Suchterkrankungen
Wasch- und Reinigungszwänge	Zwangsstörungen
	(modifiziert nach M. Sack)

ABBILDUNG 8-1: Manche Autoren unterscheiden zwischen «Plus-Symptomatik» nach einem Trauma und «Minus-Symptomatik», die sich jeweils unterschiedlichen Diagnosen zuordnen lassen.

PLUS-Symptomatik

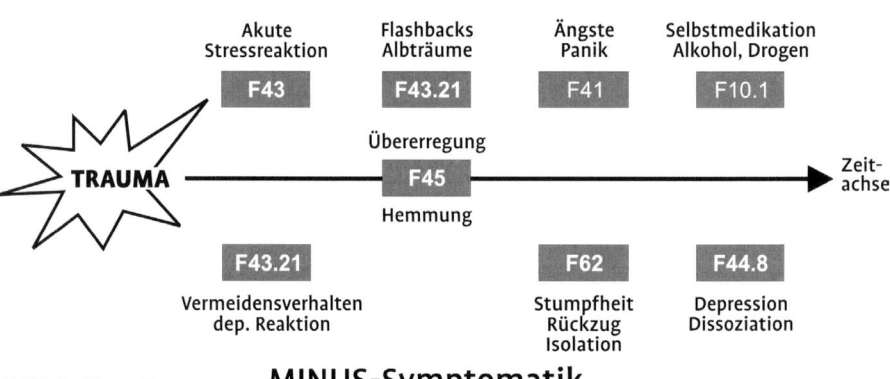

Akute Stressreaktion	Flashbacks Albträume	Ängste Panik	Selbstmedikation Alkohol, Drogen
F43	F43.21	F41	F10.1

TRAUMA ——— Übererregung / F45 / Hemmung ———▶ Zeitachse

F43.21		F62	F44.8
Vermeidensverhalten dep. Reaktion		Stumpfheit Rückzug Isolation	Depression Dissoziation

Modifiziert nach Lamprecht

MINUS-Symptomatik

Verlauf

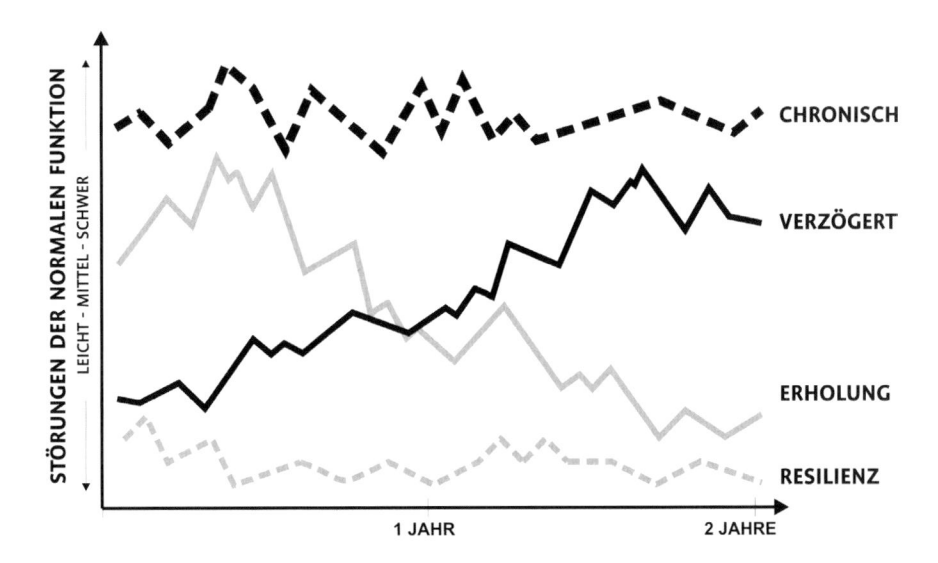

Der amerikanische Traumaforscher Bonanno unterscheidet vier Formen des Verlaufs nach einem traumatischen Ereignis. Maßstab ist dabei die Einschränkung des normalen Funktionierens im Alltag.

1. **Chronische PTBS:** Das Ereignis erschüttert die Person massiv, die Symptomatik setzt kurz nach dem Trauma ein, und sie beruhigt sich auch nach mehreren Jahren nicht nennenswert. Diese Entwicklung beobachtet man oft nach sehr schweren Traumata, wie z.B. nach schwerer Folter, die einen Menschen total zerbrechen kann (vgl. Seite 30).

2. **Erholung (Recovery):** Nach einer ersten Phase der typischen Symptome kommt es allmählich zu einer Beruhigung und zu einem Verblassen der Erinnerung. Die betroffene Person baut ein neues Leben auf, findet Sicherheit und Stabilität.

3. **Verzögertes Auftreten einer PTBS:** Manche Personen, die ein Trauma überlebt haben, sind zu Beginn derart damit beschäftigt, dass sie ihr Leben wieder in Ordnung bringen, dass sie äußerlich keine Einschränkungen zeigen. Wenn es dann aber ruhiger wird, kann plötzlich die Erschöpfung einsetzen, die die Abwehrkräfte gegen das Erlebte schwächt. Erst jetzt – Monate und sogar Jahre später – treten die typischen PTBS-Symptome auf (vgl. Seite 7).

4. **Resilienz:** Nicht wenige Menschen haben eine erstaunliche Widerstandskraft im Umgang mit traumatischen Erlebnissen. Die Faktoren, die zu dieser positiven Verarbeitung führen, werden auf Seite 38 näher beleuchtet.

WEITERE INFORMATIONEN:

Bonanno G.A. (2004). Loss, trauma, and human resilience. American Psychologist 59:20-28.

Wiedererleben – Auslöser

Hinweisreize – Trigger – Schlüsselreize:
Bei einem Trauma werden massiv Stresshormone ausgeschüttet, und Wahrnehmungen brennen sich wie Blitzbilder in die Erinnerung ein, ohne zu unterscheiden, ob sie wichtig sind oder nicht. Geräusche oder Gerüche signalisieren fortan «Gefahr!» Treten sie wieder auf, so wecken sie die Erinnerungen so intensiv, als ob diese Erfahrung jetzt noch einmal neu gemacht würde – plötzlich und mit enormer Wucht.

Die damaligen Gefühle werden unmittelbar erlebt (Flashback). Die reale aktuelle Situation kann dann von der betroffenen Person oft nicht mehr wahrgenommen werden. Sie reagiert oft so, als würde sie sich wieder in Gefahr befinden.

Diese Reaktion erfordert viel Verständnis von den Angehörigen und Freunden.

Menschen mit einer PTBS leiden an der ständigen Wiederkehr des traumatischen Ereignisses (vgl. Seite 4). Das obige Bild wurde von einem kurdischen Mann gemalt, der gefoltert wurde. «Die Gedanken drehen sich ständig in meinem Kopf,» sagte er, «und nachts wache ich schreiend auf, weil ich wieder im Verhör bin.»

Es ist als würde eine Person plötzlich in einen anderen Zustand versetzt, ohne dass die andern den Grund verstehen. Zwei Phänomene sind für den Aussenstehenden besonders schwer zu verstehen:

1. **Handeln oder Fühlen, als ob das traumatische Ereignis wiederkehrt.**
2. **Intensive Reaktionen bei der Konfrontation mit inneren oder äußeren Hinweisreizen, die einen Aspekt des traumatischen Ereignisses symbolisieren oder an Aspekte desselben erinnern.**

BEISPIEL

«Letzthin war ich in der S-Bahn unterwegs. Ich war angespannt und hatte einen schweren Tag hinter mir. Da plötzlich ging ein Mann an mir vorbei. Ich blickte nicht auf, aber da war dieser Geruch, dieses Rasierwasser. Er ging vorbei und tat mir überhaupt nichts – aber in mir stieg plötzlich Panik hoch. Ich hielt es nicht mehr aus – bei der nächsten Station stürzte ich hinaus. Mein Atem ging schnell, mein Puls war auf 120 – ich hatte nur noch einen Gedanken: schnell nach Hause, in die Sicherheit meiner Wohnung. Plötzlich war die Erinnerung an die Vergewaltigung vor zwei Jahren wieder da. Ich brauchte lange, bis ich endlich gegen Morgen einschlafen konnte.»

(eine 24-jährige Betroffene)

Vegetative Symptome – Hypervigilanz

Ein Trauma kann auch die körperlichen Reaktionen nachhaltig durcheinanderbringen. Jede Nervenfaser ist auf Wachsamkeit und Überleben eingestellt. Diese Hypervigilanz (= übermäßige Wachsamkeit) kann das ganze Leben dominieren. Hinter jeder Ecke lauert Gefahr, man ist immer darauf eingestellt, zu flüchten oder zu kämpfen. Ständig wird die Umgebung darauf hin abgecheckt, ob sich etwas Verdächtiges zeigt, und in der Tasche führt man einen Pfefferspray sowie ein Mobiltelefon, das die Nummer der Polizei einprogrammiert hat.

Manche unserer Patienten wagen nicht einzuschlafen, weil sie dann hilflos ausgeliefert wären. Andere zucken beim kleinsten Geräusch zusammen, als wäre eine Explosion geschehen (übermäßige Schreckreaktion).

Doch diese ständige Wachsamkeit fordert ihren Preis: Oft ist man nicht bei der Sache – kann sich also nicht konzentrieren und wirkt abwesend. Der Schlafmangel und die ständige Anspannung führen zu unangemessenen Reaktionen, Reizbarkeit und Wutausbrüchen. Indirekt gibt man damit auch ein Signal: Komm mir nicht zu nah! Aber für die Angehörigen und Freunde wirkt dieses Verhalten absonderlich, abstoßend und entfremdend.

Zu erwähnen ist in diesem Zusammenhang auch die Hypervigilanz nach innen: Man hört auch viel stärker auf Warnsymptome des Körpers: Schmerz, Herzklopfen, normalerweise leichte Symptome erhalten plötzlich eine andere Bedeutung – sie wecken Erinnerungen oder signalisieren neue Gefahr.

Vermeidungsverhalten – Isolation, Rückzug

Für einen traumatisierten Menschen wird das ganze Leben unsicher, gespickt mit Gefahren und neuen Bedrohungen. Menschen mit einer PTBS ziehen sich deshalb oft von andern Menschen zurück.

Das hat mehrere Gründe:

1. Abstand: Sie möchten sich nicht in Gespräche oder Begegnungen einlassen, die sie an das Trauma erinnern. So kann der Park, wo ein Überfall stattfand, plötzlich nicht mehr ein Ort der Entspannung sein, sondern ein Hinterhalt der Gefahr.

2. Depressive Grundstimmung: Ein Trauma nimmt einem Menschen die Lebensfreude und kann eine richtige Depression auslösen. Teil dieses depressiven Syndroms ist der Rückzug von Aktivitäten, die früher mit Freude verbunden waren. Hierzu gehört auch die Einschränkung der Bandbreite der Gefühle (z.B. Unfähigkeit, zärtliche Gefühle zu empfinden).

3. Verkürzte Lebensperspektive: Nach einem Trauma verliert alles seinen Glanz und seinen Sinn. Die Motivation, etwas zu erreichen oder eine Beziehung aufzubauen hat ihr Fundament verloren – «Es hat ohnehin keinen Sinn!»

4. Traumaspezifische Störungen der Erinnerungen: Bei manchen Opfern ergibt sich so etwas wie ein «Filmriss» – sie wissen, dass sie etwas Schlimmes erlebt haben, aber das Gedächtnis verweigert ihnen die Details. Das ist einerseits ein Schutz, aber auch eine Last.

5. Dissoziatives Erleben: Nach einem Trauma entwickeln manche Opfer ein Gefühl der Losgelöstheit und Fremdheit von anderen. Menschen, die schon als Kinder massive Gewalt erlebt haben, können unter Stress in einen Zustand verfallen, in dem sie von außen nicht erreichbar sind (vgl. Seite 23).

Biologische Veränderungen im Gehirn

Das Gefühl der Geborgenheit und des Urvertrauens findet seine neurobiologische Entsprechung im Gehirn.

Das psychische Gleichgewicht ist abhängig davon, dass die neuronalen und hormonalen Warnsysteme auf «Grün» stehen.

Die neurobiologischen Netzwerke der Persönlichkeit festigen sich mit jedem Lebensjahr und erhöhen die Widerstandsfähigkeit bei traumatischen Ereignissen.

Eine wichtige Rolle spielt die HPA-Achse – die Hormon-Kaskade ausgehend vom Zentrum der Gefühle, dem Hypothalamus (H), die sich überträgt in die Hormonsprache der Hypophyse (pituitary = P) und die schließlich die Stresshormone in der Nebenniere aktiviert (adrenal cortex = A). Bis heute verstehen die Forscher nicht genau, was wirklich vor sich geht, wenn ein Mensch durch ein schweres Trauma geht. Somit sind es eher die indirekten Beobachtungen, die uns allmählich ein Bild von den neurobiologischen Veränderungen nach einem Trauma geben.

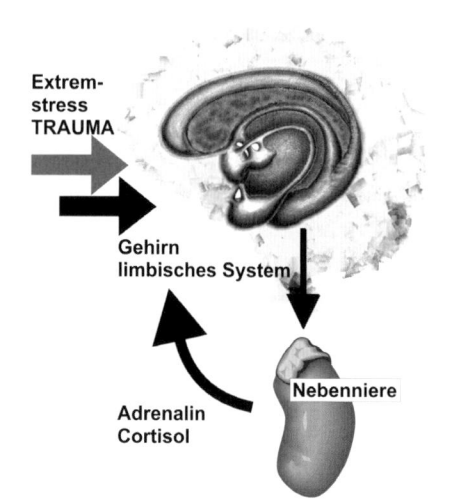

Extremstress TRAUMA → Gehirn limbisches System → Nebenniere → Adrenalin Cortisol

ELEMENTE DES VERTRAUENS

> *Grundbedürfnisse erfüllt*
(nach Maslow) – Obdach, Wärme, Kleidung – äußere Sicherheit – Wertschätzung – Liebe, Annahme – Selbständigkeit, Freiheit.
> *Positive Kontrollüberzeugung*
«Wenn ich brav bin; wenn ich meine Pflichten erfülle etc. – dann stößt mir nichts Böses zu.»
> *Vertrauensvolle Beziehungen*
– zur primären Bezugsperson.
– zu sich selbst – zu anderen.
– zu Gott.
> *Verdrängung des Bösen*
«Mich trifft es nicht!»

TRAUMA-AUSWIRKUNGEN

> *Grundbedürfnisse verletzt*
Wehrlos ausgeliefert – körperlich und seelisch verletzt – Entwertung.
> *Infragestellung von Werten*
Schuldgefühle – existenzielle Fragen – «Wo ist Gott?» – «Was ist der Sinn des Lebens?»
> *Beziehungen unsicher*
Ständige Wachsamkeit – Misstrauen – Angst vor neuer Verletzung.

Diese Verletzung der Grundannahmen (Kognitionen) ist Teil der posttraumatischen Reaktion.

WEITERE INFORMATIONEN:

Charney D.S. (2004). Psychobiological mechanisms of resilience and vulnerability: Implications for successful adaptation to extreme stress. American Journal of Psychiatry 161:195—216.

Grundtemperament
Verletzlichkeit
Ängstlichkeit
biolog. Rhythmen

Amygdala:
Gefühle,
insbesondere Angst

Hippocampus
Gedächtnisprägung
Bilder, Gerüche,
Geräusche

Stirnhirn
Denken
Grundannahmen

Limb. System
Hippocampus
Amygdala

Hypophyse
Steuerung der
Hormone

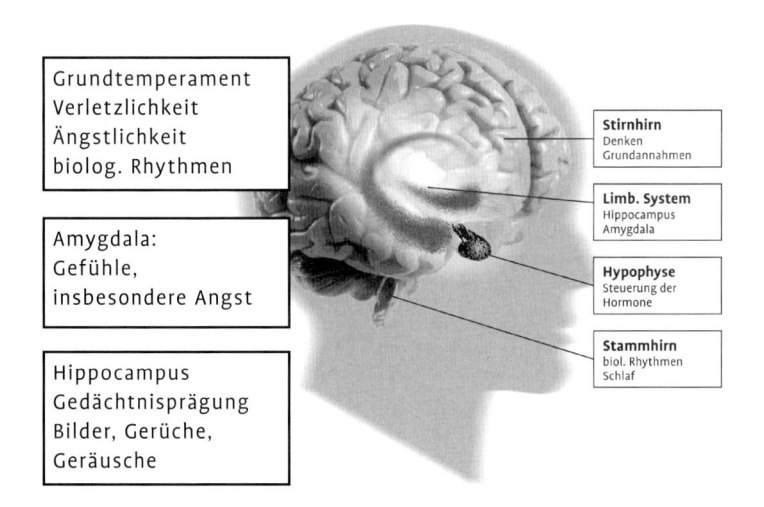

Stammhirn
biol. Rhythmen
Schlaf

Fest steht: Traumatische Erfahrungen können im Gehirn bleibende Schädigungen hervorrufen, die sich in den psychischen Symptomen der post-traumatischen Reaktionen (Intrusion – Vermeidung – vegetative Labilität) äußern.

Bei einem Trauma werden massiv Stresshormone ausgeschüttet: Körper und Gehirn werden überschwemmt von Cortisol und Adrenalin. Wahrnehmungen brennen sich in die Erinnerung ein, aber sie sind nicht geordnet verbunden mit dem Wissen und den Worten um die Erklärung der Gefühle und Bilder. Die Erinnerung wird gleichsam abgekapselt, bricht aber nachts in Albträumen oder tagsüber bei Schlüsselreizen unvermittelt in das Erleben ein.

LEBENSLANGE SENSIBILISIERUNG

Oft kommt es zu einer lebenslangen Verminderung der Stresstoleranz. Das Alarmsystem im limbischen System reagiert schneller und heftiger auf jeden Reiz, der sich während des Traumas eingebrannt hat.

Diese ständige Alarmbereitschaft kostet viel Kraft – Kraft, die es verunmöglicht, unbeschwert das Leben zu genießen oder eine Beziehung aufzubauen. Beispiel: Eine Frau wird auch Jahre nach einem sexuellen Trauma jede Situation, die sexuelle Reize enthält, unwillkürlich als Bedrohung erleben. Dieses Muster kann den Aufbau einer Beziehung zu einem Mann empfindlich stören.

Diese Reaktionsmuster sind nicht nur «psychisch», sondern sie sind biologisch im Gehirn durch spezifische Veränderungen verankert:

— **Neurotransmitter** bilden ein hochsensibles Mobile. Kleinste Veränderungen der Ausschüttung verändern das biologische (und psychische) Gleichgewicht.
— **Synapsen:** werden vermehrt, wo rascheres Ansprechen nötig ist und vermindert, wo soziale Aktivität zu neuen Gefahren führen könnte.
— **Genetische Muster** der Bereitstellung von Botenstoffen werden langfristig verändert.

NEUROPLASTIZITÄT UND HEILUNG

Die Forschung der letzten Jahre hat gezeigt, dass selbst biologische Veränderungen nicht unweigerlich fixiert sind. Das menschliche Gehirn ist erstaunlich erholungsfähig – dank der Fähigkeit, neuronale Verschaltungen zu verändern.

Sensibilität als Disposition für Trauma

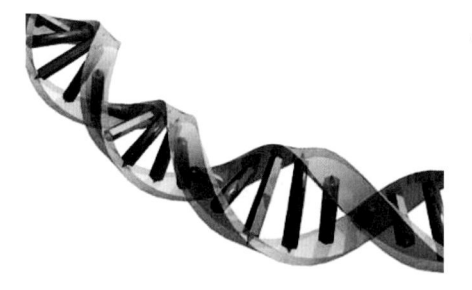

Vieles deutet darauf hin, dass sensible Menschen stärker traumatisiert werden als Menschen mit einer höheren seelischen Widerstandskraft. Das Wachs ihrer Seele ist weicher, Gewalt und Unrecht reissen tiefere Wunden. Was zuerst nur in psychologischen Studien an Kleinkindern gezeigt werden konnte, wird heute zunehmend durch Hirnforschung und Gentechnik bestätigt.

In der Temperamentsforschung haben sich folgende Eigenschaften bereits bei kleinen Kindern gezeigt, die auch später eine höhere Anfälligkeit für seelische Verletzungen ergaben:

STUDIE

GENVARIANTEN UND ANGST

In einer Studie über posttraumatische Angst bei den Opfern der ICE-Katastrophe von Eschede zeigte sich, dass Menschen, die eine bleibende Angst entwickelt hatten, häufiger eine spezielle Variante des COMT-Gens aufwiesen. Diese verringert den Abbau von Dopamin im Gehirn.

Der Forscher Christian Montag (Bonn) erklärt: «Nicht jeder von ihnen ist ein ängstlicher Mensch. Aber je stärker Ängstlichkeit als Eigenschaft bei einem Menschen ausgeprägt ist, desto wahrscheinlicher wird er Träger dieser Genvariante sein. Und wenn diesem Menschen etwas Schlimmes zustößt, hat er ein höheres Risiko, eine Angststörung zu entwickeln.»

Quelle: Montag et. al. Behavioral Neuroscience 2008. — Bericht im Spiegel 33/2008, S. 125.

1. Zurückhaltung bei spontanen Äußerungen gegenüber unbekannten Kindern und Erwachsenen.
2. Mangel an spontanem Lächeln gegenüber unbekannten Leuten.
3. Relativ lange Zeit notwendig um sich in neuen Situationen zu entspannen.
4. Beeinträchtigung der Erinnerung nach Stress.
5. Zurückhaltung, Risiken einzugehen und vorsichtiges Verhalten in Situationen, die eine Entscheidung verlangen.
6. Stärkere seelische Reaktion bei bedrohlichen Worten im Stroop Test.
7. Ungewöhnliche Ängste und Phobien.
8. Starker Pulsanstieg bei Stress und beim Aufstehen.
9. Starke Pupillenerweiterung bei Stress.
10. Erhöhte Muskelanspannung
11. Größere kortikale Aktivierung im rechten Stirnhirnbereich.
13. Mehr Allergien.
14. Hellblaue Augen häufiger.

(nach Forschungen von Kagan et al.)

Sexueller Missbrauch im Kindesalter
Auswirkungen
Langzeitfolgen
Therapeutische Möglichkeiten
Prävention

Der sexuelle Missbrauch von Kindern ist wohl das häufigste Trauma mit nachgewiesenen Langzeitfolgen in unserer Gesellschaft. Als Trauma ist es am meisten beschrieben und am besten erforscht — und dennoch ereignet es sich täglich neu. Die Umstände, die Langzeitfolgen und die therapeutischen Ansätze sind dabei anders als bei den andern Traumata, von denen in diesem Seminarheft die Rede sein muss. Aus diesem Grunde wird hier ein besonderer Abschnitt eingefügt (Seiten 15 — 29), der sich ausschließlich mit dieser Thematik beschäftigt.

Sexueller Missbrauch

DEFINITION

Der Begriff «sexueller Missbrauch» umfaßt ein weites Feld von sexuellen Handlungen. Sexueller Missbrauch liegt dann vor, wenn einem Minderjährigen oder einer abhängigen Person eine sexuelle Handlung aufgezwungen wird, die diese nicht will, für die sie nicht reif ist und die in erster Linie der Bedürfnisbefriedigung des Täters oder der Täterin dient.

Finden diese innerhalb der Familie statt, so spricht man auch von Inzest («Blutschande»). Juristisch gesehen handelt es sich bei Inzest um den Straftatbestand von sexuellen Handlungen zwischen Verwandten und Verschwägerten in auf- und absteigender Linie und zwischen Geschwistern. Heute wird der Begriff allerdings weiter gefaßt: Man erweitert den Täterkreis auf alle, zu denen emotionale Abhängigkeiten bestehen – unabhängig von der biologischen Beziehung (Eltern, Stief-, Pflege-, Adoptiveltern, Großeltern, Geschwister der Eltern, Geschwister, die mindestens fünf Jahre älter sind, Erzieher, Lehrer, Gruppenleiter, Therapeuten, u.a.) – und den Opferkreis auf Erwachsene in abhängigen Beziehungen (z.B. geistig Behinderte oder Erwachsene in einer therapeutischen Wohngemeinschaft).

Folgende Handlungen werden dazugezählt: Beischlaf, Masturbation, hand-genitaler und oral-genitaler Kontakt, Streicheln mit dem Ziel sexueller Erregung, Entblößen (Exhibition) oder gemeinsames Betrachten von Porno-DVDs.

Die Abgrenzung vom gesunden und erforderlichen Körperkontakt zwischen Erwachsenen und Kindern liegt dort, wo das Bedürfnis des Erwachsenen, nicht das des Kindes befriedigt wird; wo es sich um pervertierte, kalte oder ritualisierte Kontakte handelt, gegen die sich das Kind nicht wehren darf oder die geheim bleiben müssen, oder Kontakte, die den Erwachsenen sexuell erregen und dann nicht beendet werden. Von Kindern werden derartige Kontakte als «merkwürdig» oder unangenehm wahrgenommen und auf Nachfragen auch so benannt.

WAS MACHT SEXUELLEN MISSBRAUCH TRAUMATISCH?

1. *Machtmissbrauch:* Intime Handlungen werden aufgezwungen, um den Täter zu befriedigen, ohne Rücksicht auf Gefühle des Opfers.
2. *Erleben der Ohnmacht:* Die betroffene Person ist ausgeliefert; Gegenwehr führt zu Drohungen, Schmerz und weiterer Gewalt.
3. *Reduktion zum Sexualobjekt:* Das Mädchen wird nicht mehr als Person in seiner Ganzheit ernst genommen, sondern nur als Lustobjekt. Es fühlt sich schmutzig, abgewertet, und kann eine gestörte Beziehung zu seiner natürlichen Sexualität entwickeln.

4. **Geheimhaltung:** Das Kind kann mit niemandem über das Vorgefallene reden, was zusätzliche Hilflosigkeit erzeugt und das Kind in die Isolation treibt.

5. **Schutzlosigkeit:** Weil der Täter oft im engen Umfeld ist, gibt es keinen Schutz. Ehefrauen / Partnerinnen von Tätern sind oft selbst in Abhängigkeit und wagen es nicht, gegen ihn aufzutreten.

6. **Eigene Scham- und Schuldgefühle:** Täter (vgl. Täterprofil, S. 19) neigen oft dazu, dem Opfer die Schuld zuzuschieben: «Du hast mich so aufreizend angeschaut! Du wolltest es doch auch!» etc. Opfer schämen sich und neigen dazu, diese Täterperspektive zu übernehmen und haben Mühe, sich abzugrenzen. Nur ein «böses Kind», so die falsche Logik, kann eine solche Behandlung verdienen.

Zu betonen ist auch, dass es sich **NIE** um eine Handlung im Einverständnis mit dem Kind handeln kann, da dies sexuelle Handlungen weder verstehen noch in ihren Folgen erfassen kann.

HÄUFIGKEIT

Sexueller Missbrauch ist häufig, allerdings wegen der verständlichen Dunkelziffer nur im ungefähren Ausmaß zu erfassen. Man geht heute davon aus, dass ca. 5 – 10 Prozent der Frauen in ihrer Kindheit Opfer eines sexuellen Übergriffs im engeren Sinne wurden. Auch wenn andere Publikationen dramatischere Szenarien nennen, so scheinen die in der Zeitschrift «Psychologie heute» veröffentlichten Zahlen realistisch:

«Über sexuelle Missbrauchserfahrungen mit Körperkontakt im Alter bis zu 14 Jahren berichten fünf bis acht Prozent der Frauen (Männer: 1,4 bis 3,5 Prozent). Die Täter waren nach Angaben der befragten Männer und Frauen in über 90 Prozent der Fälle Männer. Bei den Mädchen unter 14 Jahren waren in 21 Prozent der Fälle Väter oder Stiefväter die Täter. Doch der häufigste Missbrauch fand mit 47,5 Prozent der Fälle durch Bekannte außerhalb der Familie statt. Bei den Jungen waren Väter oder Stiefväter seltener Täter, hier ist der soziale Nahbereich der Bekannten mit 54,8 Prozent der entscheidende.»

Frauen als Täterinnen machen eine Minderheit von ca. 10 Prozent aller Fälle aus. Oft handelt es sich um geschiedene Frauen, die sich in ihrer Sehnsucht nach Nähe an ihren Söhnen vergreifen. Nur ein kleiner Teil dieser sexuellen Übergriffe wird zur Anzeige gebracht und noch weniger werden schließlich durch eine Verurteilung geahndet.

BEISPIEL

«Nach der Schule wagte ich mich kaum mehr heim. Oft schlich ich mich dann in die katholische Kirche in unserem Dorf. Ich schlüpfte unter dem Altar durch und blickte nach oben zum unbeweglichen, blutüberströmten Gesicht des gekreuzigten Christus. ‹Du verstehst wenigstens, Jesus, was ich gelitten habe!› flüsterte ich, und irgendwie wurde ich ruhiger in seiner Gegenwart. – Wie konnte mir das mein Vater antun? Und warum sagte meine Mutter nichts, obwohl sie es doch sicher gemerkt haben muß! Noch heute bin ich hin- und hergerissen: Manchmal möchte ich ihn am liebsten umbringen. Aber ich habe ihn doch noch gern! Und manchmal frage ich mich, ob ich nicht selber schuld an allem war. Wenn ich nur einmal zur Ruhe kommen könnte!»

(eine 26-jährige Frau)

SCHWEREGRAD EINES SEXUELLEN MISSBRAUCHS

Verschiedene Faktoren prägen den Schweregrad eines sexuellen Missbrauchs: Alter und Entwicklungsstand, das Verhältnis zum Täter (fremde Person oder Vertrauensperson), die Dauer des Missbrauchs (einmalig oder wiederholt), sowie die Art der sexuellen Aktivität. Wesentlich ist aber auch die Reaktion der Menschen, die das Kind anzusprechen versucht: Erfährt es Trost und Schutz, so wirkt dies lindernd. Fühlt es sich aber schutzlos ausgeliefert, konstant bedroht und unter der Last eines schrecklichen Geheimnisses, so frisst sich das Trauma immer tiefer in die kindliche Seele.

Lange nicht alle Opfer von sexueller Gewalt entwickeln eine PTBS. Gemäss einer Studie zeigten selbst nach einer Vergewaltigung 54 Prozent keine PTBS.

STUDIE

MISSBRAUCH UND DEPRESSION
Daten einer australischen Studie:
– Rund 27 % aller depressiven Frauen haben einen sexuellen Missbrauch in der Kindheit erlebt, ca. 10 % in schwerer Form.
– Bei missbrauchten Frauen kommt es häufiger zu Suizidversuchen, Selbstverletzung und Panikstörungen. Die Depression trat früher im Leben auf, und die Frauen lebten häufiger erneut in Beziehungen mit Gewalt.
(Gladstone 2004)

www.dunkelziffer.de – Hilfe und Schutz für sexuell missbrauchte Kinder.
www.sexuellermissbrauch.ch – Informationen von betroffenen Frauen.

Auswirkung sexueller Ausbeutung

Zusammengefasst wirkt das Erlebnis der sexuellen Ausbeutung durch einen Erwachsenen auf vier Arten traumatisch:

1. Beziehungen werden sexualisiert, es entstehen falsche Normen, Liebe und Sex werden verwechselt und sexuelle Aktivität mit negativen Gefühlserinnerungen gekoppelt.
2. Das Kind erlebt sich stigmatisiert und ist zur Geheimhaltung gezwungen; es leidet unter Scham und Schuldgefühlen.
3. Das Kind fühlt sich verraten und in seinem Vertrauen betrogen. In der lebensnotwendigen Abhängigkeit erlebt es sich missbraucht und manipuliert.
4. Das Kind erfährt sich ohnmächtig durch das Überschreiten der Körpergrenzen gegen seinen Willen, es gerät in Hilflosigkeit und gelangt zur Überzeugung der eigenen Wirkungslosigkeit mit dem Selbstbild als Opfer.

Die Persönlichkeit wird zentral in ihren Überzeugungen und Werten auf fünf Ebenen getroffen und zeigt sich beeinträchtigt:

1. Auf der Ebene der Sicherheit, in dem sie immer wieder Opfer wird und in gefährliche Situationen gerät.
2. Auf der Ebene des Vertrauens, indem sie von Angst, Misstrauen, Übervorsicht und Entscheidungsunfähigkeit geprägt ist.
3. Auf der Ebene der Kontrolle, indem sie sich ausgeliefert fühlt, unter Sinnlosigkeit leidet und sich selbst schädigt.
4. Auf der Ebene der Wertschätzung, indem sie meint, schlecht zu sein, und auch die Wertschätzung für andere verliert.
5. Auf der Ebene der Intimität, indem sie sich einsam und leer fühlt und im Miteinander keine Sinnerfüllung findet.

Ein typisches Täterprofil

Traumatisierte Menschen haben oft große Angst vor dem Täter. Dies hängt oft auch mit dem allgemeinen Verhalten des Täters zusammen.

TÄTERSTRATEGIEN
- Ans Opfer gelangen («Grooming»).
- Opfer für die Tat gefügig machen.
- Unentdeckt bleiben.
- Nicht zur Verantwortung gezogen werden.
- Ausbeutung beliebig fortsetzen können.

NACH DER ENTDECKUNG
Nach der Entdeckung mögen sie sich für ihre Tat schämen, doch sie umgeben sich mit einem dicken Panzer – nach innen gepolstert, nach außen abwehrbereit, sobald das Fehlverhalten angesprochen wird. Folgende Eigenschaften finden sich bei vielen Tätern:
- Wenig Einsicht in sein Verhalten.
- Wenig Verständnis für die Bedürfnisse der anderen.
- Selbstmitleid als Drohung: «Denk daran, was das für mich bedeutet, wenn du mich anzeigst!»
- Starke Verdrängung der Tat.
- Gibt nur zu, was ihm nachgewiesen wird («Kann sein, dass da etwas war.»).
- Wurden oft selbst missbraucht.
- Teenager: tiefes Selbstwertgefühl, isoliert, wenig gleichaltrige Freunde, netter Junge (Babysitter); hat Mühe in Beziehungen mit Erwachsenen.

Das äußere positive Gesicht des Täters
- Höflich, zuvorkommend, angesehen.
- Guter Versorger.
- Familienmann.
- Sozial / politisch / religiös engagiert.
- Großzügig (nach außen / für sich).

BEISPIEL

Immer wieder sind Nachbarn eines Sexualtäters schockiert und überrascht über das Doppelgesicht des Täters. Nachdem in den USA ein Mann nach schwersten Delikten an seiner Familie festgenommen wurde, waren die Nachbarn in dem etwa 100 Häuser zählenden Wohnpark entsetzt. «Wir hatten keine Ahnung. Ich wusste nicht einmal, dass dort Kinder leben», erklärte eine Bewohnerin. «Er war sehr angesehen, sehr freundlich und seriös», beschrieb Parkmanagerin Alma M. den Festgenommenen. «Man hätte sich niemals vorstellen können, dass er so etwas tun würde.»
(aus einer Zeitungsmeldung)

Das heimliche negative Gesicht des Täters
- Egoistisch.
- Manipulatives Zurückhalten von Geld.
- Wenig Zeit für Familie.
- Wenig Ausleben der Werte.

Gefühlsmäßige Reaktion des Opfers
- Am Anfang sieht das Opfer die guten Seiten des Täters als Stärke der Beziehung.
- Wenn der Täter mit seinen Kontrollmethoden reagiert, klammert es sich an die positiven Seiten.
- Wenn der Druck wächst, erscheint auch das Positive hohl.
- Dieses Doppelleben führt zu einer Vertrauenskrise, die das Selbstwertgefühl des Opfers zerstören kann.

WEITERE INFORMATIONEN:
Anita Heiliger:
Täterstrategien und Prävention. München 2000

Aufdecken und vorbeugen

Prävention erfolgt fortlaufend durch Erziehung und Öffentlichkeitsarbeit. Leitlinien für die Information der Kinder:
- Dem Alter und Entwicklungsstand der Kinder angepasst.
- Selbständigkeit und Selbstbewusstsein fördernd.
- In Sexualerziehung und in Leitlinien für eine liebevolle Beziehung eingebettet.

PRÄVENTIVE ERZIEHUNG
- Über deinen Körper bestimmst du allein.
- Deine Gefühle sind wichtig.
- Es gibt angenehme und unangenehme Berührungen.
- Du hast das Recht NEIN zu sagen.
- Es gibt gute und schlechte Geheimnisse.
- Sprich darüber und suche Hilfe.
- Du bist nicht schuld!

www.dunkelziffer.de

DEN TÄTER ANZEIGEN?

Wie soll man bei Verdacht auf sexuellen Missbrauch vorgehen?
- Ruhig bleiben, das Gespräch mit dem Kind suchen.
- Dem Kind glauben, was es erzählt.
- Dem Kind nicht die Schuld geben.
- Hilfe suchen für sich und das Kind.
- Das Kind vor weiterem Missbrauch schützen.
- Den Täter anzeigen, wenn eine weitere Gefährdung besteht.
- Der Täter hat ein Recht auf Persönlichkeitsschutz.

Beratungsstellen (Opferhilfe) geben gerne Auskunft, wie man weiter vorgehen kann.
- Nie allein handeln!
- Kinderschutz hat oberste Priorität!

Auswirkungen auf die Paarbeziehung

Das Trauma eines Ehepartners (oft ist die Frau von einem sexuellen Missbrauch betroffen) bleibt nicht ohne Auswirkung auf eine spätere Paarbeziehung. Der Weg zu einer partnerschaftlichen Sexualität kann oftmals länger dauern und von unerwarteten Reaktionen geprägt sein.

Wichtig ist es für den Partner, die Auswirkungen zu kennen — Flashbacks, körperliche Symptome und Vermeidensverhalten. Für die Frau braucht es viel Überwindung, ihm die Gründe für ihre Reaktionen zu erklären. Wichtig ist dann aber auch, dass sie ihm sagt, wie er auf ihre Bedürfnisse und Hemmungen eingehen kann — was sie gern hat und was traumatische Erinnerungen auslöst.

Phasen der Therapie bei sexuellem Missbrauch

Sexueller Missbrauch führt zu einer tiefen Vertrauenskrise – zum Täter, zu andern Menschen, zu sich selbst. Alle Gefühle sind in Aufruhr, in ständigem inneren Widerstreit. Auch der Körper ist nicht mehr verlässlich. Wie soll man da in eine Therapie eintreten und Heilung erfahren? Erfahrene Therapeutinnen betonen daher an erster Stelle nicht Aufarbeitung sondern Stabilität.

1. **Stabilisierung.** «Es ist o.k., nicht o.k. zu sein!» Das Opfer muss spüren, dass man ihm glaubt und vertraut; dass man seine seelischen und körperlichen Schmerzen ernst nimmt; dass man seine Instabilität akzeptiert. Daraus ergibt sich der Aufbau einer therapeutischen Arbeitsbeziehung, in der sich die Person frei fühlt, ihre Erlebnisse zu erzählen und Wege zur Bewältigung zu suchen. Oft kann man zu Beginn nur mit dem Opfer trauern und versuchen, es zu trösten.
2. **Strukturierende, unterstützende Interventionen:** Wie kann die Person ihr Leben in den Griff bekommen, ohne ständig von den seelischen Schmerzen überwältigt und aus der Bahn geworfen zu werden?
3. **Imaginationsübungen:** Wenn traumatische Erinnerungen wieder lebhaft präsent sind, lernt die Person sich innere Schutzräume vorzustellen, einen «sicheren Ort», wo das Böse sie nicht erreicht. Oder sie stellt sich jemand vor, der an ihrer Seite steht und die Bedrohung abwehrt («innere Helfer»).
4. **Ressourcen-Aktivierung:** Jeder Mensch entdeckt Wege, die ihm helfen, das Leben besser zu bewältigen. So wird besprochen, was bisher geholfen hat, um zu überleben. Achtsamkeit auf die kleinen Dinge des Alltags: Was tut gut, was lenkt die Gedanken ab; was gibt ein Gefühl der Sicherheit und der Normalität, was vermittelt kleine Glücksgefühle?
5. **Klärung der aktuellen Lebenssituation:** Hat die Person allenfalls noch immer Kontakt zum Täter? Wie kann sie sich distanzieren und schützen? Welchen Einfluss haben solche Begegnungen auf das Befinden?
6. **Langfristige Ziele der Traumatherapie:** Integration des Traumas in die Biographie, Gestaltung des aktuellen Lebens und der Zukunft. Entwicklung einer Nicht-Opfer-Identität. Entwicklung von neuen Interessen, Plänen und Aufgaben.
7. **Behandlungsbedürftigkeit von Begleiterkrankungen** klären (z.B. Angststörungen, Persönlichkeitsstörungen). Evtl. Medikation einsetzen.

SYMPTOME SEX. MISSBRAUCH

KINDER: Schmerzen in der Vagina, Blaseninfektion, Schmerzen beim Stuhlgang, Angst, Weigerung jemanden zu besuchen, Veränderung im Lernverhalten, Verweigerung von Körperkontakt, nicht alterskonformes Sexualverhalten.

TEENAGER: Essstörungen, Rückzug, Isolation, Selbstverletzung, Weglaufen, Misstrauen, mangelnde sexuelle Intimität.

ERWACHSENE: sehr vielgestaltig, gehäuft sexuelle Dysfunktion, Unterleibsbeschwerden, vermehrte Schmerzsyndrome, Depression und Angst, Selbstverletzungen - starke Schwankungen im Befinden.

Spezifische Trauma-Therapiemethoden

PITT

Die Psychodynamisch Imaginative Trauma Therapie (PITT) nach Luise Reddemann ist eine Kurzzeit-Therapie, die in Deutschland aus der klinischen Erfahrung mit traumatisierten Borderline-Patienten im Rahmen eines kurzen stationären Aufenthaltes entstand. Die Therapie hat drei Phasen:
— Stabilisierung (primäre Aufgabe)
— Traumakonfrontation (evtl. bei guter Stabilisierung nicht mehr nötig)
— Integration.

Im Vordergrund steht der Aufbau einer tragenden therapeutischen Beziehung und eine **STABILISIERUNG** des psychischen Zustandes. Hier geht es um Ich-Stärkung, Symptomreduktion und um die Mobilisierung von Ressourcen. Ein wesentliches Element ist die Imagination: Die Vorstellung beruhigender Bilder (ein Gegengewicht zu den Schreckensbildern) soll mithelfen, die Gefühle besser zu kontrollieren. Die Patientin lernt bewusst, sich von angst-auslösenden Reizen und Vorstellungen zu distanzieren — sie wendet quasi eine schützende, positive Dissoziation an.

Dieser Schutz erlaubt bei Bedarf die **KONFRONTATION** mit dem Trauma. Die Betroffene nimmt eine distanzierte Beobachterrolle ein und bestimmt, was auf der «inneren Bühne» abläuft. Sie sieht nicht nur den bedrohlichen Täter, sondern auch hilfreiche Personen, etwa ein starkes erwachsenes Ich oder «ideale Eltern» oder «innere Helfer».

Diese veränderte Sicht ermöglicht eine **INTEGRATION** des Geschehenen in die Lebensgeschichte, ein bewusstes Trauern und ermutigt zum Neubeginn.

Die Therapieform hat eine breite Akzeptanz erlangt und überzeugt durch die einfühlsame, kreative und doch realistische Grundhaltung.

EMDR

Die Abkürzung steht für «Eye Movement Desensitization and Reprocessing», zu deutsch «Desensibilisierung und Neuverarbeitung durch Augenbewegungen». Dabei geht man von der Annahme aus, dass traumatische Erlebnisse in Verbindung zu körperlichen bzw. Gehirnfunktionen stehen.

Bei Wikipedia ist dies wie folgt beschrieben: «Nach einem Trauma kann es zum sogenannten ‹Sprachlosen Entsetzen› (speechless terror) kommen, das heißt, in der rechten Hirnhälfte werden Bilder prozessiert, die der Patient vor Augen hat, während das Sprachzentrum aktiv unterdrückt wird. Der Patient kann das Geschehene so nicht in Worte fassen, wodurch nachfolgend eine Verarbeitung des Erlebten erschwert wird.»

Es wird angenommen, dass durch die beidseitige Stimulation mittels bestimmter Augenbewegungen (oder auch akustische oder Berührungsreize) eine Synchronisation der Hirnhälften stattfindet, die bei der PTBS gestört ist. Erklärend wird Bezug genommen auf die REM-Phase im Schlaf, bei der auch starke Augenbewegungen stattfinden und zugleich eine erhöhte Verarbeitung des im Alltag Erlebten vermutet wird.

Erzählt also ein Patient seine Trauma-Erfahrung und bewegt dabei gleichzeitig seine Augen hin und her, so soll es zu einer deutlichen Abnahme der posttraumatischen Reaktion kommen.

Das Konzept ist nicht unumstritten. Insbesondere wird die Methode bei komplexen Traumata als zu «simpel» erachtet. Die Augenbewegungen seien zudem nicht spezifisch (also nicht wirklich notwendig) für die Abnahme post-traumatischer Emotionen.

Dissoziation

Der psychologische Begriff »Dissoziation« bedeutet im weitesten Sinne Trennung, Auflösung, Entflechtung. Dissoziation stellt eine unwillkürliche Reaktion des Menschen auf belastende oder traumatische Erfahrungen dar, die zu einer Veränderung bzw. einem Rückzug vom Bewusstsein führt. Die Psyche wird dadurch vor den überwältigenden Reizen und den existenzbedrohenden Emotionen geschützt. Für den außenstehenden Beobachter wirkt es, als ob die Person mit den Gedanken weit weg wäre. Der Blick wird leer, die Person verstummt, vielleicht läuft sie ziellos davon oder bleibt verloren in einer Ecke stehen. Was um sie herum vorgeht, und was ihr angetan wird, kommt nicht mehr an sie heran.

Dissoziation ist also ein wichtiger Schutzmechanismus für Menschen in traumatischen Situationen. Es ist jedoch gleichzeitig ein sehr drastischer Notmechanismus, der nachhaltige Schäden in Form von post-traumatischen Symptomen hinterlassen kann.

Kommt es zu wiederholten und länger anhaltenden Traumatisierungen, so kann dies gerade bei Kindern zu einem Muster werden, in schwierigen Situationen einfach «wegzutreten». Die integrative Funktion des Bewusstseins wird nachhaltig gestört. Gedächtnis und Wahrnehmung werden unterbrochen, die Person nimmt sich und die Umwelt nicht mehr wahr (Depersonalisation oder Derealisation). Im schwersten Falle kann es zu einer tief greifenden Identitätsstörung kommen (vgl. Seite 24 — 25).

BEISPIEL

Interview mit einer jungen Frau, die als Kind von zwei arbeitslosen Männern praktisch jeden Tag sexuell missbraucht wurde. Mit tonloser Stimme berichtet sie von diesen Ereignissen.
Frage: «Wie konnten Sie das nur aushalten?»
Antwort: «Ich bin in die Tapete gegangen. Da hat es nicht mehr weh getan. Ich bin erst viel später wieder aufgewacht.»

THERAPEUTISCHE DISSOZIATION

Im positiven Sinn wird Dissoziation genutzt, um sich im therapeutischen Kontext durch Imagination von den traumatischen Erinnerungen zu distanzieren (vgl. PITT, Seite 22). Allerdings geschieht der Mechanismus hier bewusst. Ergänzt wird er durch Körperübungen, in denen sich die Person wieder spüren lernt und sich mit mehr Sicherheit und Lebensfreude ins reale Leben eingibt.

WWW.SEMINARE-PS.NET

Multiple Persönlichkeit (MPD) oder Dissoziative Identitätsstörung (DID)

Die Störung mit multipler Persönlichkeit (MPD = Multiple Personality Disorder) ist eine sehr seltene Störung der Persönlichkeits-Identität. Nach der Klassifikation der DSM-IV wird sie heute als Dissoziative Identitätsstörung (DID) bezeichnet.

Zur Diagnose der DID sind zwei Voraussetzungen wichtig: Die erste beschreibt die Existenz von zwei oder mehr Personen oder Persönlichkeitszuständen innerhalb einer Person (jede mit einem eigenen, relativ überdauernden Muster, die Umgebung und sich selbst wahrzunehmen, sich auf sie zu beziehen und sich gedanklich mit ihnen auseinanderzusetzen). Die zweite Voraussetzung fordert, dass mindestens zwei dieser Persönlichkeiten oder Persönlichkeitszustände wiederholt volle Kontrolle über das Verhalten des Individuums übernehmen.

Diese Phänomene führen dazu, dass eine «Person» (bzw. ihr Körper) gelegentlich etwas sagt, fühlt oder macht, das sie selbst nie tun würde. Häufig besteht für den Zeitraum der Kontrolle durch eine andere «Person» oder einen Persönlichkeitsanteil eine völlige oder teilweise Erinnerungslücke. Die Diagnose der Störung wird kompliziert durch die Mannigfaltigkeit der Symptome, die auch körperliche Beschwerden miteinschließen. Die Instabilität des Persönlichkeitsausdrucks ist eine besonders dramatische Ausprägung der Phänomene, die bei der Borderline-Persönlichkeit beobachtet werden.

Als Ursache dieser Identitässtörung wird heute eine langandauernde überwältigende psychische und physische Traumatisierung (z.B. schwerer sexueller Missbrauch) mit Beginn in der frühen Kindheit angenommen. Es kommt zur Abspaltung (Dissoziation) dieser unerträglichen Erlebnisse in weniger zugängliche Bewusstseinsbereiche.

Wer bin ich?

«Ich bin eine begabte Pianistin, ich lese gern und viel, ich bin jemand, die Kuscheltiere liebt, die gerne kocht,

ABER bin ich auch diejenige, die 8000.— Euro Schulden hat, ja, die auf den Strich geht? Vielleicht drogenabhängig?

Ich bin diejenige, die behauptet, dass ihre Eltern schreckliche Sachen mit ihren Kindern tun, aber ich bin auch diejenige, die behauptet, dass nichts passiert ist. Wer bin ich?»

(EINE JUNGE FRAU)

Die Therapie

Die Therapie erstreckt sich gewöhnlich über viele Jahre, das Ziel ist die Reintegration oder bessere Kooperation der «Personen» bzw. Persönlichkeitsanteile. Therapieerfolge werden von den unterschiedlichsten Therapierichtungen beschrieben.

Für christliche Therapeuten liegt eine Gefahr in der Überinterpretation (z.B. zu schnelle okkult-dämonische Zuordnung) der eindrücklichen Phänomene.

EIN MODELL DER ENTSTEHUNG VON ABGESPALTENEN «PERSONEN»

Fragilität bzw. Plastizität der kindlichen Persönlichkeit

wiederholte EXTREM TRAUMATA

Fehlen von Unterstützung anderen Coping-möglichkeiten

Dissoziation als Abwehr- bzw. Bewältigungsstil

Psychodynamisch: Dissoziative Aufsplitterung des Ichs

Biologisch: Neuroendokrinologische Sensibilisierung

Entstehung neuer Personen

Vulnerable Persönlichkeit
Dissoziationsbereitschaft, Neigung zu amnestischen Episoden, depressiven Verstimmungen, Depersonalisation, Konversion, Somatisierung, Selbstverletzung, Suizidalität, Suchtmittelmißbrauch

Konflikte Traumata Hypnose

Entstehung neuer Personen

Multiple Persönlichkeitsstörung

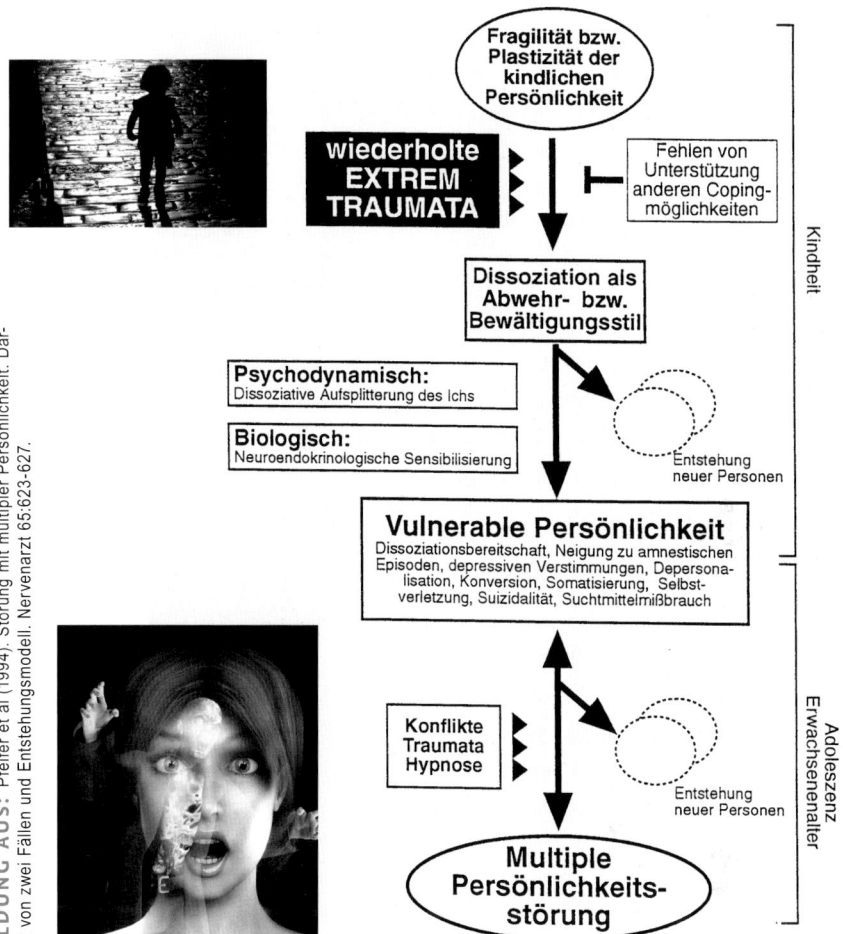

Kindheit

Adoleszenz Erwachsenenalter

ABBILDUNG AUS: Pfeifer et al (1994). Störung mit multipler Persönlichkeit. Darstellung von zwei Fällen und Entstehungsmodell. Nervenarzt 65:623-627.

WEITERFÜHRENDE LITERATUR:
- Huber M.: Multiple Persönlichkeiten. Fischer.
- Pfeifer S.: Multiple Persönlichkeitsstörung. Kapitel 7, in «Die zerrissene Seele. Borderline und Seelsorge», Brockhaus Verlag.
- Friesen J.G.: Uncovering the mystery of MPD. Here is Life Publishers.

Falsche Anwendung des Traumakonzeptes

Welche Gedanken kommen Ihnen beim Betrachten des Bildes auf dieser Seite?
a) ein Kind auf regennasser Strasse, verzweifelt, seelisch verletzt, allein?
b) ein müdes Kind in Begleitung seiner (kaum sichtbaren) Mutter, auf dem Heimweg in sein geborgenes Zuhause?

Wenn wir ehrlich sind, können wir nichts über den Seelenzustand des Kindes aussagen, ohne Genaueres über seinen Hintergrund zu wissen.

Ein Trauma ist schlimm, aber auch eine falsche Anklage wegen Kindesmissbrauch ist schlimm für die Angehörigen. Therapeutinnen und Berater müssen deshalb ausserordentlich vorsichtig in der Interpretation des seelischen Zustandes eines Menschen sein.

In der Folge sollen einige Fallen im Umgang mit dem Traumakonzept beschrieben werden.

FALLE 1: AUSWEITUNG AUF JEDE SCHWIERIGE ERFAHRUNG IM LEBEN

Therapeuten, die beispielsweise von der Primärtherapie oder von der Autorin Alice Miller geprägt sind, neigen dazu, auch die normalsten Erfahrungen auf dem Weg ins Erwachsenenleben als «Trauma» zu deuten, das fortan die Gründe für spätere Probleme darstellen soll.

Da wird vom Geburtstrauma gesprochen, dieser schrecklichen Erfahrung, aus dem warmen Mutterschoss in gleißendes Licht und kalte Luft herausgepresst zu werden. Später soll dann in einer «körper-orientierten Therapie» diese schreckliche Erfahrung nochmals durchlebt werden, um das «Trauma» zu verarbeiten.

Wenn in der Tiefenpsychologie von «Ver-

Seelische Verletzung einer sensiblen Person oder echtes Trauma?

letzungen» die Rede ist, werden nicht nur schwerste Kindheitserfahrungen gemeint, wie Vernachlässigung, Misshandlung, sexueller Missbrauch oder die innere Zerrissenheit als Folge einer Scheidung. Die Belastung durch solche schweren Erfahrungen ist allgemein erkennbar und unbestritten.

«MISSBRAUCH»

EIN VIELSCHICHTIGER BEGRIFF

In der therapeutischen Sprache gibt es mindestens vier Formen des englischen Begriffes «ABUSE»:
— Emotional Abuse = Emotionale Vernachlässigung und Verletzung.
— Physical Abuse = Körperliche Misshandlung und Vernachlässigung.
— Sexual Abuse = Sexueller Missbrauch in vielfältigen Schweregraden.
— Spiritual Abuse = Geistlicher Missbrauch (vgl. Seite 35).

Vielmehr sollen es ganz alltägliche Enttäuschungen und Ängste des Kindes sein, die zum späteren Lebensproblem führen. Beispiele:
- Reinlichkeitserziehung.
- Festlegen von festen Zeiten im Alltag (Essen, Schlafen).
- Tadel / kleine Strafen für Fehlverhalten.
- Mangelnde Bewunderung für ein selbst gemaltes Bild etc.

Oft werden Mütter der «Misshandlung» bezichtigt, obwohl sie nur das Beste für ihr Kind wollten und es zu keiner Zeit bewusst böse behandelten. Daraus folgt fälschlicherweise: «Die Mutter ist schuld!»

FALLE 2:
DEUTUNG SEELISCHER PROBLEME ALS FOLGE VON PSYCHISCHEM TRAUMA.

Therapeuten und Seelsorgerinnen, die einseitig vom Traumabegriff geprägt sind, können sich kaum andere Gründe für psychische Auffälligkeiten vorstellen. «Könnte hinter depressivem Erleben ein Trauma stehen?» – «Derartige Wahnideen müssen doch einen traumatischen Ursprung haben!»

Sie beharren auf einer Trauma-Deutung, selbst wenn die Patientin / der Patient sich an kein Ereignis erinnern kann, das der allgemeinen Definition eines Traumas entspricht. Oft wirken sie dadurch realitätsfern und erzeugen erhebliche Spannungen bei den betroffenen Menschen.

FALLE 3:
EINREDEN VON TRAUMA AUFGRUND VON TRÄUMEN, KÖRPERMISSEMPFINDUNGEN ODER GEISTLICHEN EINDRÜCKEN.

Alice Miller (*) schreibt einmal: «Ich hätte früher heftig protestiert, wenn man mir gesagt hätte, dass ich ein misshandeltes Kind gewesen war. Erst jetzt weiß ich mit Bestimmtheit, dank Träume, meiner Malerei und nicht zuletzt dank der Botschaften meines Körpers, dass ich als Kind über Jahre seelische Verletzungen hinnehmen musste, aber dies als Erwachsene sehr lange nicht wahrhaben wollte.»

Die klinische Erfahrung zeigt, dass genau diese drei Quellen der Wahrnehmung äußerst unzuverlässig sind, um «Wahrheit» zu rekonstruieren. Wenn es nicht zusätzliche Informationen gibt, sollte man mit Interpretationen sehr vorsichtig sein.

In der Seelsorge kommt noch der Faktor der «geistlichen Eingebungen» oder «Bilder» hinzu. Speziell Frauen, die für sich einen «prophetischen Dienst» beanspruchen, stehen in der Gefahr, «Traumata» in das Leben von Ratsuchenden hineinzulesen, die diese in tiefe Verwirrung stürzen können.

FALLE 4:
ABBRUCH DER BEZIEHUNG ZU DEN ELTERN

Manche Therapeuten raten Betroffenen, den Kontakt mit den Eltern radikal abzubrechen. Keine Besuche mehr, keine Telefonate, kein Familienfest, kein Vorstellen der Enkelkinder.

Ein solcher Beziehungsabbruch trägt in sich zwei Gefahren: a) eine unreife Pseudolösung durch völliges Ausblenden der Beziehung ohne Gesprächsbereitschaft. b) Der Verlust von tragenden Beziehungen und heilsamen neuen Erfahrungen.

> **PARADOX**
> – Nicht jede seelische Verletzung in der Kindheit führt auch zu psychischen Problemen im Erwachsenenalter.
> – Psychische Probleme im Erwachsenenleben lassen sich nicht immer auf seelische Verletzungen in der Kindheit zurückführen.

* www.alice-miller.com

WWW.SEMINARE-PS.NET

Sensibilität und das Leiden an der Kindheit

Sensible und dramatische Persönlichkeiten verarbeiten vergleichsweise geringe Verletzungen als «Trauma».

Sensible Menschen haben meist eine recht normale Jugend hinter sich, ohne fassbare Grausamkeiten und überdurchschnittliche Verluste. Sie kommen oftmals aus normalen Familien, die versuchten, ihren Kindern das Beste zu geben. Nicht selten sind andere Geschwister seelisch gesund.

Wie kommt es dann, dass ängstliche und depressive Menschen so sehr unter ihrer Kindheit leiden? Antworten ergeben sich aus der Sensibilitätsforschung (vgl. Seite 14). Die untenstehende Tabelle fasst einige Grundthesen zusammen.

Tabelle 28-1: Zehn Grundthesen zur Bedeutung der Kindheit für die persönliche Entwicklung

1. Kinder sind von ihrer genetischen Anlage her unterschiedlich begabt und temperamentvoll.

2. Schwangerschaft und Geburt sind natürliche Ereignisse und führen als Erlebnis allein nicht zu seelischen Störungen. Problematisch können aber minimale Gehirnschädigungen sein, die zu späteren Lern- und Verhaltensstörungen führen können.

3. Die frühkindliche Entwicklung ist weitgehend unabhängig von der Form der Erziehung (Mutterbrust oder Flasche, heile Kleinfamilie oder Kibbutz-Kinderhort), solange das Kind eine feste Bezugsperson hat, die ihm Vertrauen und Sicherheit gibt.

4. Das Temperament des Kindes prägt auch den Beziehungs- und Erziehungsstil seiner Eltern. Unruhige Kinder brauchen z.B. viel mehr elterliche Ermahnungen und erleben daher mehr Frustration.

5. Einzelne schmerzliche Ereignisse prägen weniger als eine langdauernde negative Gesamt-Atmosphäre.

6. Es gilt zu unterscheiden zwischen schweren Problemen (z.B. Alkoholismus oder psychische Krankheit der Eltern, Scheidungsstreß) und leichteren Besonderheiten des Erziehungsstils (z.B. freiheitlich oder behütend, unbewußte Erwartungen und Ängste der Mutter).

7. Erinnerungen an die Kindheit werden durch die Stimmungslage und die Persönlichkeit des Erwachsenen gefärbt.

8. Kinder haben Bewältigungsmöglichkeiten, die ihnen auch bei schlechter Ausgangslage eine gute Entwicklung ermöglichen. Zwei Faktoren sind wichtig: Eine stabile Anlage und die Umwelt (z.B. stabile Schulsituation, verlässliche Freunde).

9. Die Nöte sensibler Menschen sind nicht nur auf die äußeren Umstände der Kindheit zurückzuführen, sondern vielmehr auf ihre übersensible Verarbeitung von Erfahrungen in Kindheit, Jugend und Erwachsenenalter.

10. Wenn sich objektiv und im breiten Vergleich die Kindheit nicht als Schicksal erweist, so muss man doch die persönliche Verarbeitung von Erfahrungen in der Kindheit ernst nehmen und den Betroffenen helfen, diese in einer reifen Form zu verarbeiten.

«False Memory Syndrome»

Das menschliche Gedächtnis ist leider nicht so zuverlässig, wie man sich das wünschen würde. Gerade bei traumatischen Erfahrungen kann es im Rahmen der Dissoziation zum völligen Ausblenden der schrecklichen Ereignisse kommen. Oft tauchen die Erinnerungen erst sehr viel später in zersplitterter und verzerrter Form wieder auf.

MISSEMPFINDUNGEN, BILDER, TRÄUME

Auf dieser Grundlage haben manche Therapeuten die These aufgestellt, ein sexueller Missbrauch könne auch dann vorliegen, wenn die Person keine Erinnerung daran hat. In fragwürdiger Weise wurde manchmal durch stark suggestive Fragen ein «recovered memory» (wiederentdeckte Erinnerung) erzeugt. Vage Eindrücke, Bilder und Träume wurden zur Grundlage, einen «Missbrauch» zu diagnostizieren. Manche gingen so weit, ihre Eltern wegen dieser Eindrücke anzuzeigen. Dabei wurden z.T. groteske Anschuldigungen (Babyleichen im Garten) gemacht, die sich auch in aufwendigen Untersuchungen nicht beweisen liessen.

Offenbar handelte es sich um ein «False Memory Syndrome». Dies wird definiert als «ein Zustand, in dem die Identität und die persönlichen Beziehungen einer Person um die Erinnerung an eine traumatische Erfahrung kreisen, die objektiv zwar falsch ist, aber an die die betroffene Person fest glaubt.»

KENNZEICHEN

Die amerikanische Psychologie-Professorin Elizabeth Loftus arbeitete einige Kennzeichen derart falscher Gedächtnisinhalte heraus:
— Es handelt sich oftmals um sehr ungewöhnliche Inhalte, etwa satanische Rituale mit Menschenopfern.
— Die Betroffenen waren damals noch so klein, dass das Gedächtnis noch nicht so detailliert entwickelt war.
— Es gibt typischerweise keine unabhängigen Hinweise auf die Ereignisse.
— Die Therapeuten haben ihrerseits fixe Ideen über die allgegenwärtige Bedeutung von sexuellem Missbrauch.
— Die Therapeuten benutzen umstrittene Methoden (wie etwa Hypnose oder Imagination), um «Erinnerungen heraufzuholen».

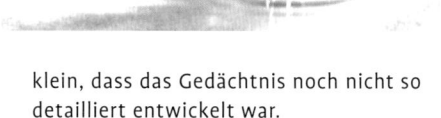

SCHLUSSFOLGERUNGEN

Nach der sorgfältigen Prüfung der Literatur kommt der englische Psychologie-Professor C. Brewin zu folgenden Schlüssen:

— Falsche Erinnerungen sind eine Möglichkeit, die immer berücksichtigt werden sollte. Aber nicht alle später auftauchenden Erinnerungen sind falsch. Es gibt Beispiele, wo insbesondere die gewöhnlichen Formen sexuellen Missbrauchs erst viel später wieder erinnert werden.

— Traumatisierte Patienten sind sehr suggestibel. Neben wirklich erfahrenen Traumata stehen sie in der Gefahr, unter Druck falsche Berichte über nicht selbst erlebte Traumata zu produzieren. Diese können sehr lebhaft ausgestaltet werden und dennoch nicht den Tatsachen entsprechen.

WWW.SEMINARE-PS.NET

Verfolgung, Folter und Migration

Menschen, die aus ihrem Heimatland flüchten müssen, erleben etwa zehnmal so viel Stress wie der Durchschnitt im friedlichen Gastland. Staatliche Verfolgung und Terror erzeugen eine massive und kumulative Belastungssituation, welche in verschiedenen traumatischen Abschnitten verläuft.

Nach vorsichtigen Schätzungen leiden mindestens 5% der in Deutschland lebenden Asylbewerber unter Foltererlebnissen. Folter hinterläßt bei ihren Opfern fast immer ein tiefes und lebenslanges Trauma.

Der Schrecken endet nicht mit der Ankunft im sicheren Hafen des Westens. Vielmehr bedeutet der Asylprozess eine «Institutionalisierung der Ohnmacht». Beengte Unterkünfte, Arbeitsverbot, unsichere Aufenthaltsbedingungen, gekoppelt an die permanente Bedrohung, abgeschoben zu werden, sowie die Ablehnung im Gastland begünstigen die Entstehung einer chronifizierten Trauma-Symptomatik.

Wer gefoltert wurde, bleibt gefoltert. Unauslöschlich ist die Folter in ihn eingebrannt, auch dann, wenn keine klinisch-objektiven Spuren nachzuweisen sind.

JEAN AMÉRY

KÖRPERLICHE FOLGEN DER FOLTER

Ständige Kopfschmerzen, Herzbeschwerden, Atemnot, Schwindel, Schlafstörungen, Albträume, Überwachheit bis hin zur «nervigen» Übererregbarkeit. Neben Verletzungsfolgen findet sich oft auch eine chronisch erhöhte Verspannung mit entsprechenden Schmerzen und Muskel-Hartspann. Auch wenn sich keinerlei nachweisbare Spuren finden, so wird der erlebte Schmerz doch zur «verkörperten Erinnerung».

ZWISCHENMENSCHLICHE FOLGEN

«Als er nach Hause kam, starrten seine Augen ins Leere, er lächelte nicht und redete nicht, und er hatte keine Fingernägel mehr», berichtete die Frau eines kurdischen Folteropfers. Oftmals hört man die Aussage: «Nichts ist mehr, wie es war!»

Gefolterte Menschen können selbst für ihre eigene Familie sehr schwierige Mitmenschen werden. Einige Punkte:

— Dauernde matte Traurigkeit, Unfähigkeit zu Frohsinn und Lebensgenuss.
— Ständiges Haften an den Demütigungen und Quälereien.
— Eine eigentümliche Schreckhaftigkeit, selbst auf harmlose Geräusche.
— Flashback-artige, sich aufdrängende Bilder und Gedanken aus früheren Foltersituationen, manchmal so plastisch, als würde sich das überstandene Trauma wirklich wiederholen, begleitet von Zittern und Schweißausbrüchen.
— Angst vor der Hausglocke («Werde ich wieder verhaftet?»).
— Vermeidung von größeren Menschenansammlungen, von Kino- oder Theaterbesuchen; ständige Absicherung.
— Reizbare Verstimmbarkeit mit schwer beherrschbaren Gemütsschwankungen und aggressiven Durchbrüchen, oft aber wie geistesabwesend.

WEITERE INFORMATIONEN:
Eine hervorragende Übersicht zum Thema findet sich auf der Website von Prof. Volker Faust: www.psychosozialegesundheit.net/psychiatrie/folter.html
Ebenfalls informativ: www.torturevictims.ch

Nationales Trauma und Versöhnung

Manchmal geht ein ganzes Volk durch ein Massentrauma. Die Schreckensherrschaft des Pol Pot Regimes löschte ein Viertel des kambodschanischen Volkes aus — bis heute kann man die Schädel der «Killing Fields» besichtigen. In Ruanda hat das Massaker der Hutus an den Tutsi einen hunderttausendfachen Tribut gefordert — auch hier zeugen die Totenschädel von den schrecklichen Ereignissen. Srebrenica, Darfur, und wie die Orte schwerster Menschenrechtsverletzungen heissen mögen, haben sich in unser Gedächtnis eingebrannt.

Auch Südafrika ging in den Jahren der Apartheid-Herrschaft durch ein nationales Trauma. Der Hass gegen die Weissen wurde zum explosiven Gemisch, das jederzeit in einer schreckliche Katastrophe hätte enden können. Doch dann standen einige mutige Männer auf, allen voran Nelson Mandela, der selbst in den Verliessen des Regimes geschmachtet hatte.

WAHRHEIT UND VERSÖHNUNG

In Südafrika wurden «Truth and Reconciliation Commissions» (TRC) gegründet, zu deutsch «Wahrheits- und Versöhnungskommission».

Ihr Ziel war es, Opfer und Täter in einen «Dialog» zu bringen und somit eine Grundlage für die Versöhnung der zerstrittenen Bevölkerungsgruppen zu schaffen. Vorrangig hierbei war die Anhörung bzw. die Wahrnehmung des Erlebens des jeweils anderen.

Die Ideale Gandhis, der über zwei Jahrzehnte in Südafrika gelebt und gewirkt hatte, finden sich in den Grundsätzen der TRC wieder. Nicht die Konfrontation, sondern die Wahrnehmung des «Anderen» stand im Vordergrund.

Den Angeklagten wurde Amnestie zugesagt, wenn sie ihre Taten zugaben, den Opfern wurde finanzielle Hilfe versprochen. Ziel war die Versöhnung mit den Tätern sowie ein möglichst vollständiges Bild von den Verbrechen, die während der Apartheid verübt wurden. Sämtliche Anhörungen waren deshalb öffentlich (Text nach Wikipedia).

VERGEBUNG STATT RACHE

Die *Bereitschaft zur Vergebung* führte zu einem friedlichen Übergang statt zu einem Blutbad. Die Begnadigung weißer und schwarzer Täter hat vermieden, dass tausende unschuldiger Menschen neues Unrecht, Tod und erneute Traumatisierung erlebt hätten.

WEITERE INFORMATIONEN:
Wikipedia: Wahrheits- und Versöhnungskommission

Seelsorge: Wo ist Gott?

Ich kann einfach nicht mehr, und ich kann es irgendwie immer noch nicht verstehen was mit mir passiert ist. Ich fühl mich so SCHEISSE, warum kann mir niemand helfen, GOTT WO WARST DU, WO DAS ALLES ÜBER MICH ERGANGEN IST WO WO WO???

Ich versteh das nicht, gib mir doch jetzt die Kraft das alles zu überstehen bitte, ich bitte dich nochmal, HILF MIR BITTE JETZT

Diese verstörenden Zeilen wurden von einem 18-jährigen Mädchen geschrieben, bei dem die Erinnerung an das Trauma einer Vergewaltigung nach einem halben Jahr nochmals mit voller Wucht hochgekommen war.

Seelsorge in dieser Phase erfordert viel Feingefühl. Da helfen weder Plattitüden noch theologische Diskussionen. Es macht gar nichts, wenn auch die helfende Person keine Worte findet, und einfach nur da ist, ohne viel zu sagen.

Die äussere Stabilisierung steht vor der inneren Verarbeitung. Die traumatisierte Person muss sich sicher fühlen können – Geborgenheit, Wärme, ein gutes Essen, ein wohliger Ort zum Schlafen – all das kann dazu gehören.

Gläubige Menschen gehen durch unterschiedliche Phasen in der Auseinandersetzung mit dem Trauma. Sie entdecken oft die Psalmen, die Klagelieder oder das Buch Hiob. Ihre Gebete sind seltsam zerrissen zwischen Anklage und zaghaftem Rufen nach Hilfe.

Lieder und geistliche Musik können Gefühle in ganz besonderer Weise ausdrücken – etwa Haendels Oratorium vom leidenden Christus oder Bachs Kantaten. Aber auch das neue Genre der «Praise Music» enthält viele Texte und Melodien der Klage und des Vertrauens.

IST VERGEBUNG MÖGLICH?

«Vergeben und vergessen» – so einfach ist es für traumatisierte Menschen nicht. Sie brauchen Zeit zur Verarbeitung, und dieser Weg kann auch in der Seelsorge nicht abgekürzt werden. Irgendwann kann man vielleicht das Geschehene «Gott zurücklegen», und den Täter «seiner Rache übergeben». Dieses Abgeben hat reinigende Wirkung und entlastet von der Bürde des Grolls. In der Seelsorge mehr einzufordern, wäre vermessen, doch gibt es oft ganz unvermutete positive Entwicklungen.

«Feindpsalmen»
DEM UNAUSSPRECHLICHEN WORTE GEBEN

Trauma macht sprachlos. Es gibt keine Worte, das Grauen zu fassen. Aber irgendwann kann die Wut hochkommen, auch beim gläubigen Menschen.

In den Psalmen werden Gefühle ohne falsche Frömmigkeit in unverblümter, authentischer Form ausgesprochen, geseufzt, herausgeschrieen. Mit ungewohnter Heftigkeit werden Rachewünsche und Vernichtungsphantasien geäussert, wird gegen Gewalt geklagt und nach Vergeltung gerufen. Diese Texte werden in der theologischen Fachsprache als Klagepsalmen oder Feindpsalmen bezeichnet.

Auswirkungen auf das Gottesbild

«Wie kann ein allmächtiger liebender Gott das Leid auf dieser Welt zulassen?» Diese Frage hat die Menschen seit Urzeiten beschäftigt. In der Fachsprache wird sie als **«THEODIZEE-FRAGE»** bezeichnet. Im Gespräch mit gläubigen Menschen beggnen mir zwei unterschiedliche Formen dieser Frage:
a) Die theologisch-philosophische Frage nach Gottes Wirken in dieser Welt.
b) Das persönliche Ringen mit dem Gott, der angeblich Liebe ist und doch Böses zulässt.

THEOLOGISCHE ASPEKTE

In diesem Seminarheft fehlt der Raum, diese Diskussion auch nur annähernd zu erörtern. Eine Frage ist aber auch für die persönliche Verarbeitung wichtig: Muss die Güte Gottes darin bestehen, dafür zu sorgen, dass es einem gut geht? Erfährt man nur dann Gottes Liebe, wenn man gesund, erfolgreich, unversehrt und glücklich ist?

DAS PERSÖNLICHE RINGEN

In manchen christlichen Kreisen wird ein idealisiertes, fast romantisches Vaterbild kultiviert, das nur selten der realen Vatererfahrung entspricht. Schlechtes Ergehen wird oft mit Gottesferne gleichgesetzt, wohlige Geborgenheit mit der Heimkehr zum Vater, wie sie in Rembrandts Gemälde dargestellt wird.

Seelisches Trauma fordert ein Umdenken. Jesus ist der leidende Christus, der sich mit den Traumatisierten solidarisiert. Traumaverarbeitung bedeutet auch Trauern über Leid und Schmerz als Teil des Lebens. Im Ringen mit Gott kann eine neue vertiefte Gottesbeziehung entstehen, wie sie Paulus im Brief an die Römer ausspricht: Wer kann uns trennen von der Liebe Gottes — auch in den dunkelsten Stunden des Lebens?

> **BEISPIEL**
>
> «In einem christlichen Buch las ich den Bericht über den Film ‹Billy Eliott›. Da hiess es: ‹Und sie schlägt zu — haut ihm voll eine herunter. Der Knall dieser Ohrfeige schallt durch den Kinosaal ...›
>
> An dieser Stelle bekam ich spontan einen heftigen Flashback plus Übertragung. Vor meinem Auge stand mein brutaler Vater, der mich zuweilen so heftig ohrfeigte und mit Fausthieben malträtierte, dass beide Kiefergelenksknochen dauerhaft geschädigt sind. Und ich bin meinem Vater nicht dankbar in den Arm gefallen, sondern habe das Weite gesucht, damit er mich nicht totschlug — wenn ich noch konnte und nicht ohnmächtig wurde.
>
> Die Übertragung fand ebenso spontan statt, dass Gott «Vater» vor mir steht und mich ohrfeigt, weil ich das verdient habe! Und ich bedanke mich natürlich noch bei Gott ... Was ich hier an dieser Stelle des Briefes denke, kann man nicht veröffentlichen, deshalb behalte ich es für mich
>
> Fest steht, dass ich nach meiner Bekehrung jahrelang gebraucht habe, um meinen leiblichen Vater und Gott Vater zu trennen. Langsam, ganz langsam konnte ich es zulassen, dass Gott mein Vater sein will, der mich liebt und liebevoll mit mir umgeht. Nun aber liege ich zitternd und aufgelöst im Bett und es ist fast vier Uhr morgens. Und morgen früh ist Gottesdienst, dort will ich hin ... und soll Gott-Vater anbeten. Ich habe keine Ahnung, ob das gelingt oder ob ich noch einmal Jahre brauchen werde, mich dem Vaterherz Gottes zu nähern.»
>
> aus einem Leserbrief der Zeitschrift AUFATMEN

WWW.SEMINARE-PS.NET

Die Frage nach dem Bösen

Das Leiden unserer Patienten wirft auch existentiell die Frage nach dem Bösen auf. Wie sind Gräueltaten wie der Holocaust oder der Völkermord in Kambodscha oder die KZs in Bosnien möglich? Wie sind sadomasochistische Quälereien von Kindern vor laufender Kamera möglich? C.G. Jung sprach nach dem Ende des zweiten Weltkriegs von den «Dämonen» des Hitler-Regimes.

Wer mit schwerst traumatisierten Menschen arbeitet, für den wird die Existenz des Bösen so real, dass humanistische Verharmlosungen nicht mehr greifen. Die Folgen:
a) Wut, Ohnmacht, bis hin zum Kampf gegen das Böse auf eigene Faust.
b) Persönliches Gefühl des Bedrücktseins und der Bedrohung durch Kräfte des Bösen, denen man sich ausgeliefert fühlt. (Cave: Symptom der Überforderung!!)
c) Erschütterung des Weltbildes.

ERSCHÜTTERUNG DES WELTBILDES

Ingrid Bétancourt schrieb an ihre Mutter: «Mamita, ich bin des Leidens müde. Ich habe versucht, stark zu sein. Diese fast sechs Jahre Gefangenschaft haben mir gezeigt, dass ich weder so widerstandsfähig noch so mutig, intelligent und stark bin, wie ich dachte ... Es geht mir körperlich schlecht. Ich esse nicht mehr, ich habe den Appetit verloren, mir fallen die Haare in Büscheln aus. Ich habe auf nichts Lust. Ich glaube, das ist das einzig Gute: auf nichts mehr Lust zu haben. Denn hier in diesem Dschungel lautet die einzige Antwort auf alles ‹Nein›. Deshalb ist es besser, nichts zu wollen, um wenigstens frei von Wünschen zu sein.»

VERARBEITUNG IM GEBET

Im folgenden gebe ich Texte einer seit Kindheit schwerst traumatisierten Frau wider, die mich sehr berührt haben. In den Gesprächen mit mir versuchte sie das Grauen in Worte zu fassen, das sie erlebt hatte. Oft blieb nichts anderes übrig, als Schweigen. Manchmal war sie so beschämt, dass sie sich in eine Ecke meines Sprechzimmers stellte, und dort zur Wand redete. Wir sprachen von ihrem Leiden, von ihrem Hass auf den Onkel, der sie jahrelang missbraucht und dabei gefilmt hatte, aber auch von ihrem Ringen mit Gott, der oft so abwesend schien. In diesem Ringen verfasste sie folgende Worte:

Aufgetürmt hat er rings um mich Bitterkeit und Mühsal ... hat mich in Finsternis gelegt, gleich ewigen Toten. Er hat mir jeden Ausgang versperrt, mich in schwere Fesseln geschlagen als ich gleich schreie und flehe – er verlegt meinem Gebet den Weg. (KLAGELIEDER 3:5-8)

Und sie fuhr fort: «Fühle diesen dumpfen Schmerz in mir, der mich ganz und gar ausfüllt und mich unendlich traurig macht. Konnte nichts essen, fühlte keinen Hunger, wollte auch nicht erbrechen.»

BEACHTE: Das Gebet führt nicht immer zum harmonischen Ende des seelischen Schmerzes, aber es gibt dem Unaussprechlichen wenigstens Worte und damit tröstliche Kraft.

Geistlicher Missbrauch

DEFINITION

«Geistlicher Missbrauch ist der falsche Umgang mit einem Menschen, der Hilfe, Unterstützung oder geistliche Stärkung braucht, mit dem Ergebnis, dass dieser in seinem geistlichen Leben geschwächt und behindert wird.» [...] «Geistlicher Missbrauch ist Manipulieren, Kontrollieren und Beherrschen im Rahmen eines geistlichen Amtes, das jemand ausübt. Dabei kann dieser Missbrauch absichtlich oder unabsichtlich erfolgen. Der geistliche Missbrauch dient dem Erreichen der eigenen Absichten, nicht dem Erreichen der Absichten Gottes.»

ERKENNUNGSMERKMALE
- Manipulation: z.B. «Gott hat mir gesagt dass du...» — Erzeugung einer extremen Abhängigkeit von einem Leiter, mit der Auflage, alle Entscheidungen mit ihm abzusprechen.
- Tabuthemen, die nicht angesprochen werden dürfen. Bestrafung, Verfluchung und Ausgrenzung bei Zuwiderhandlung.
- Machtanspruch: «Ich bin Leiter, also musst du mir gehorchen!» oder «Taste den Gesalbten des Herrn nicht an.» — Ein Hinterfragen wird als «Rebellion» angesehen.
- Lügen des Leiters werden von ihm als «Missverständnisse» abgetan.
- Unangemessene Forderungen bezüglich Zeit, Geld, Verzicht und Einsatz in der Gruppe, ohne Rücksicht auf die Bedürfnisse des einzelnen und seiner Familie.

WEITERE INFORMATIONEN:
David Johnson & Jeff VanVondereen: Geistlicher Missbrauch — die zerstörende Kraft der frommen Gewalt. Projektion J.
Ken Blue: Geistlichen Missbrauch heilen. Brunnen.

- Erzeugung von Schuldgefühlen, wenn man den Forderungen eines Leiters nicht gehorcht.
- Verleugnung von eigenen Gefühlen und Bedürfnissen, wenn diese nicht den Vorgaben der Gruppe oder des Leiters entsprechen.
- Sexuelle Übergriffe unter religiösen Vorzeichen. (Beispiele: Missbrauch von Knaben in der katholischen Kirche, aber auch vereinzelte Berichte von sexuellem Missbrauch in freikirchlichen Splittergruppen).
- Dämonisierung von psychischen Problemen mit z.T. lautstarken rituellen «Befreiungsgebeten».
- Die meisten Fälle von geistlichem Missbrauch treten in kleinen Gruppierungen auf, die von isolierten Leitern (und ihrer Entourage) geführt werden.

BEISPIEL

Die Betroffene hat ohne Erlaubnis des Pastors eine Tupperware-Party durchgeführt. Sie wird autoritär «vermahnt».

«Meine Ohren verweigern ihren Dienst und mein Gehirn blockt irgendwie alles ab. Nach einer viertel Stunde sind sie fertig und ich darf nach Hause gehen. Als ich im Auto sitze, wird mir so langsam bewusst, was da gerade abgelaufen ist. Ich kann es nicht fassen, und die Tränen bahnen sich so langsam den Weg nach oben. Tränen der Wut und der Verzweiflung, ich fühle mich beschmutzt und missbraucht. Aber was soll ich dagegen tun? Wer hilft mir denn?»

Bericht auf der Website www.cleansed.de

Compassion Fatigue – Sekundärtrauma
Leiden an der Not der andern

> «Als ich die Stelle im Frauenhaus angetreten hatte, war ich darauf vorbereitet gewesen, der dunkelsten Seite des Lebens zu begegnen. Schon auf dem Sozialamt hatte ich alle denkbaren Arten von Elend erlebt, Ich dachte, ich wäre abgehärtet und trotzdem noch weich genug für meinen neuen Job. Aber ich konnte mich nicht an die blauen Flecken und ausgeschlagenen Zähne gewöhnen, an die verängstigten Kinder, die seit Wochen nicht mehr richtig geschlafen hatten, an die Frauen, die gelernt hatten, sich selbst für so schlecht zu halten, dass man sie verprügeln durfte...»
>
> Zitat aus dem Krimi von Leena Lehtolainen: Zeit zu sterben. Rowohlt, S. 38.

Trauma ist ansteckend. Das Anhören von traumatischen Erlebnissen oder das Mitfühlen mit Opfern traumatischer Erfahrungen führt zu ähnlichen Reaktionen wie beim direkt betroffenen Opfer selbst.

– Vegetative (körperliche) Übererregung
– Intrusion (Sich-Aufdrängen von Bildern, Gefühlen, Ängsten, Tagträumen, Albträumen etc.)
– Konstriktion (Rückzug von Beziehungen, Aktivitäten, Freuden des Lebens).

MÖGLICHE AUSWIRKUNGEN

– Das Erzählte weckt eigene Erinnerungen.
– Das Gehörte löst Bilder aus (in Tag- oder Nachtträumen).
– Man wird sich der eigenen Verwundbarkeit bewusst.
– Es erschüttert das eigene Grundvertrauen in das Gute; Vorwürfe an Gott?
– Man hat Gefühle der Wut, der Verzweiflung. Vorwürfe an die Polizei, die schlechte Regierung, an alle möglichen «verantwortlichen Leute».

GEFAHREN FÜR DIE BETREUUNG

Vermeidungsverhalten des Therapeuten: Er/sie will nicht mehr von den Traumata hören, obwohl die betroffene Person darüber reden möchte.

Intrusion: Der Therapeut beharrt auf Details des Traumas, obwohl die betroffene Person jetzt nicht darüber sprechen will.

Allgemeiner Rückzug: Weil der Therapeut unter Schlafstörungen und Albträumen leidet, ist er für Anliegen der betroffenen Person nicht mehr offen.

In den letzten Jahren wurde vermehrt das Augenmerk auf die Befindlichkeit derjenigen Helferinnen und Helfer gelegt, die in Kriegs- und Katastrophengebieten im Einsatz sind – Entwicklungshelfer, UNO-Beobachter, Ärzte, Psychologen, Pflegende, – um nur einige Beispiele zu nennen. Sie sehen menschliches Leid in seiner extremsten Form, nicht als seltene Ausnahme im friedlichen Alltag, sondern als «täglichen Wahnsinn».

Die Unterstützung von Mitarbeitern in Humanitären Projekten, Hilfsorganisationen und in der Mission wird heute als **«Member Care»** bezeichnet und entwickelt sich zu einem eigenständigen Fachgebiet.

Die folgenden Symptome wurden von Betreuern zusammengestellt, die in Südafrika mit freigelassenen Gefangenen in einer speziellen Abteilung für Psychotrauma arbeiteten.

GEFÜHLE
- Ohnmacht, Hilflosigkeit
- Angst
- Schuld / Überlebensschuld
- Zorn / Wut
- Abkapselung, Gefühlstaubheit
- Traurigkeit, Depression
- Stimmungsschwankungen
- Erschöpfung
- Übermäßige Sensibilität

DENKEN
- Verminderte Konzentration, Apathie und Zerstreutheit
- Vermindertes Selbstwertgefühl
- Perfektionismus, Rigidität
- Bagatellisieren
- Ständige Beschäftigung mit Trauma
- Gedanken, sich selbst oder andern etwas zu Leide zu tun

VERHALTEN
- Ungeduld, Reizbarkeit, Launenhaftigkeit
- Rückzug
- Schlafstörungen, Alpträume
- Appetitveränderung
- Überwachheit, Schreckhaftigkeit
- Verlegen von Dingen (Zerstreutheit)

SPIRITUALITÄT
- Infragestellung des Lebenssinnes
- Sinnverlust
- Verlust der inneren Gelassenheit
- Durchgehende Hoffnungslosigkeit
- Zorn auf Gott
- Verlust des Glaubens an eine höhere Macht, die uns schützt

BEZIEHUNGEN
- Rückzug, Isolation, Einsamkeit
- Weniger Interesse an Zärtlichkeit / Sex
- Misstrauen
- Überbehütendes Verhalten gegenüber den Kindern.
- Projektion von Zorn und Schuldzuweisung, Intoleranz
- Vermehrte Konflikte

KÖRPERSYMPTOME
- Schwitzen, Herzklopfen
- Atembeklemmung, Schwindel
- Schmerzen
- Vermehrte Krankheitsanfälligkeit

ARBEIT
- Wenig Antrieb und Motivation
- Vermeiden von Aufgaben
- Beharren auf Details
- Negativismus
- Mangel an Wertschätzung
- Mangelndes Engagement
- Teamkonflikte / Reizbarkeit
- Vermehrte Abwesenheit
- Rückzug von Kolleginnen

Gekürzt nach Pelkovitz, zitiert bei C. Figley.

Resilienz entwickeln nach einem Trauma

Resilienz bedeutet Widerstandskraft und Durchhaltevermögen in schwierigen Situationen, in Schicksalsschlägen, Bedrohungen und Beziehungsproblemen. Jeder Mensch hat in sich Faktoren, die ihn «resilient» machen – der eine mehr, der andere weniger.

Doch Resilienz kann bewusst aufgebaut und entwickelt werden. Dies bedeutet nicht ein problemfreies Leben. Oftmals sind es gerade seelische Schmerzen und Verlusterlebnisse, die eine Person in ihrer Lebensbewältigung stärker machen können.

Ein ganzes Bündel von Faktoren bestimmt, wie Misserfolge und Lebenskrisen verarbeitet werden. Die neuere Forschung zeigt deutlich, dass der wesentlichste Faktor gute und tragfähige Beziehungen (Familie, Freunde) sind. Dazu kommt natürlich die eigene Grundhaltung, Problemlöseverhalten und ein gutes Selbstvertrauen. Hier sind zehn Wege zum Aufbau von Resilienz (*).

1. Pflegen Sie Beziehungen

Gute Beziehungen mit Familie und Freunden sind wichtig. Wer Hilfe und Unterstützung von Menschen annimmt, die sich um ihn kümmern und ihm zuhören, wird dadurch gestärkt. Jugendgruppe, Hauskreis und andere Gruppen können eine große Hilfe sein. Wer andern hilft, erlebt auch selbst Unterstützung.

2. Krisen sind nicht unüberwindbar

Auch wenn Sie einen Schicksalsschlag nicht verhindern können, so können Sie doch beeinflussen, wie Sie die Ereignisse einordnen und damit umgehen. Krisen werden nicht als unüberwindliches Hindernis gesehen. Der Glaube kann dabei eine wichtige Hilfe sein (Beispiel Hiob). Schauen Sie über die Gegenwart hinaus.

3. Veränderung gehört zum Leben

Schwere Erfahrungen gehören zu unserem Leben. Auch resiliente Menschen sind vor der Opferrolle nicht gefeit. Nach einer gewissen Zeit gelingt es ihnen jedoch, anders über die Situation zu denken. Nehmen Sie die neue Lebenssituation an. Indem man das Unveränderliche loslässt, kann man sich auf diejenigen Dinge konzentrieren, die sich ändern lassen.

4. Setzen Sie sich Ziele

Entwickeln Sie kleine, aber realistische Ziele für jeden Tag. Halten Sie einen geordneten Tagesablauf ein. Streben Sie nicht nach grossen Zielen, sondern fragen Sie sich: «Was kann ich heute tun, das mich in die Richtung führt, die ich erreichen möchte?»

5. Mutig handeln

Packen Sie das an, was zu tun ist. Lassen Sie sich nicht gehen, in der Annahme, die Dinge lösten sich von allein. Überlegtes und mutiges Handeln gibt Ihnen das Gefühl zurück, wieder selbst am Ruder zu sein und in die Zukunft zu schauen.

6. Was kann ich aus der Situation lernen?

Viele Menschen haben erlebt, dass sie gerade in schweren Ereignissen innerlich gewachsen sind. Sie berichten, dass sie bessere Beziehungen entwickelten, ein größeres Selbstvertrauen, eine vertiefte Spiritualität und eine neue Wertschätzung für das Leben.

7. Trauen Sie sich etwas zu!

Entwickeln Sie ein positives Selbstvertrauen: Sie können Probleme lösen und dürfen Ihrem Instinkt vertrauen – das stärkt die Resilienz.

8. Bewahren Sie die richtige Perspektive!
Auch wenn Sie durch sehr schwere Erfahrungen gehen, so versuchen Sie das Ereignis in einem breiteren Zusammenhang zu sehen. Welchen Platz hat es in Bezug auf Ihre gesamte Lebenssituation und auf lange Sicht? Vermeiden Sie, ein Ereignis übermäßig zu gewichten.

9. Geben Sie die Hoffnung nicht auf!
Eine optimistische Lebenseinstellung stärkt die Resilienz entscheidend. Es wird auch in Ihrem Leben wieder bessere Zeiten geben. Leben Sie nicht unter dem Diktat Ihrer Ängste, sondern setzen Sie sich neue Ziele.

10. Achten Sie auf sich selbst!
Spüren Sie, was Ihnen gut tut. Nehmen Sie Ihre Bedürfnisse und Ihre Gefühle ernst. Machen Sie Dinge, die Ihnen Freude bereiten und zur Entspannung beitragen. Bewegen Sie sich und gehen Sie an die frische Luft. Wenn Sie im guten Sinne für sich selbst sorgen, so bleiben Körper und Geist fit und können besser mit den Situationen umgehen, die Durchhaltevermögen und Widerstandskraft brauchen – eben: Resilienz.

Der Glaube als Kraftquelle der Resilienz
Die eben aufgeführten zehn Punkte zur Bildung einer gesunden Resilienz lassen sich nicht aus eigener Kraft erreichen. Die psychotherapeutische Erfahrung zeigt, dass Menschen mit einer tiefen Glaubensbeziehung zusätzliche Kräfte entwickeln.

Für gläubige Menschen sind Optimismus, Hoffnung und Perspektive eingebettet in den Glauben. Ihr Selbstvertrauen wächst durch Gottvertrauen und Gebet. Das bewahrt sie nicht vor Zweifeln und Konflikten – aber gerade im Ringen mit Gott kann eine Resilienz heranwachsen, die tiefer greift als jede oberflächliche Selbstsuggestion.

Zusammengestellt in Anlehnung an eine Leitlinie der APA, www.apahelpcenter.com

Post-traumatic Growth

Dieser neue Begriff umschreibt «seelische Reifung nach einem traumatischen Ereignis». Inneres Wachstum nach einem Trauma bedeutet einen **Wiederaufbau von neuen Grundannahmen**. Diese werden nicht mehr so unbeschwert sein wie im Leben vor dem Trauma, aber sie werden tiefer, reifer und nachhaltiger sein. Menschen mit dieser Form der Resilienz zeigen folgende Eigenschaften:

— Mehr Mitgefühl und Empathie für andere, die durch ein Trauma oder einen Verlust gehen.

— Vermehrte psychologische und emotionale Reife im Vergleich zu Gleichaltrigen.

— Erhöhte Resilienz gegenüber Schicksalsschlägen.

— Mehr Wertschätzung für das Leben im Vergleich zu Gleichaltrigen.

— Vertieftes Verständnis für die eigenen Werte, Lebenszweck und Lebenssinn.

— Mehr Wertschätzung persönlicher Beziehungen.

WEITERE INFORMATIONEN:

R. Welter-Enderlin: Resilienz. Gedeihen trotz widriger Umstände. Carl-Auer.
M. Rampe: Der R-Faktor. Das Geheimnis unserer inneren Stärke. Eichborn.
L. Reddemann: Überlebenskunst. Von Johann Sebastian Bach lernen und Selbstheilungskräfte entwickeln. Klett-Cotta.
Pia Andreatta: Die Erschütterung des Selbst- und Weltverständnisses durch Traumata. Asanger.

Literatur

Die folgenden Bücher enthalten weitere Informationen zur Thematik dieses Arbeitsheftes. Im Rahmen der knappen Übersicht ist es jedoch nicht möglich, alle Aspekte ausreichend zu beleuchten.

Andreatta M.P.: Die Erschütterung des Selbst- und Weltverständnisses durch Traumata. Asanger.
Brewin C.R.: Posttraumatic Stress Disorder. Malady or Myth? Yale University Press.
Deegener G.: Kindesmissbrauch: Erkennen, Helfen, Vorbeugen. Beltz.
Deistler I, & Vogler A.: Einführung in die Dissoziative Identitätsstörung. Junfermann.
Fischer G.: Neue Wege aus dem Trauma. Erste Hilfe bei schweren seelischen Belastungen. Walter.
Foa E.B. u.a.: Effective Treatments for PTSD. New York: Guilford.
Frankl V.: Trotzdem Ja zum Leben sagen. DTV.
Friedman M.J. u.a.: Handbook of PTSD. Science and Practice. New York: Guilford.
Gründer M. u.a.: Wie man mit Kindern darüber reden kann: Leitfaden zur Aufdeckung sexueller Misshandlung. Juvena.
Hahne P.: Leid. Warum lässt Gott das zu? Johannis Verlag.
Herman J.: Die Narben der Gewalt. Traumatische Erfahrungen verstehen und überwinden. Paderborn: Junfermann.
Huber M.: Trauma und die Folgen. Trauma und Traumabehandlung. Junfermann.
Huber M.: Wege der Trauma-Behandlung. Junfermann.
Huber M.: Multiple Persönlichkeiten. Fischer
Hudnall-Stamm B.: Sekundäre Traumastörungen. Junfermann.
Kushner H.S.: Wenn guten Menschen Böses widerfährt. Gütersloher Verlagshaus.
Maercker A.: Therapie der posttraumatischen Belastungsstörungen. Springer.
O'Donnell K. (ed.): Doing Member Care Well. William Carey Library.
Reddemann L.: Imagination als heilsame Kraft. Zur Behandlung von Traumafolgen mit ressourcenorientierten Verfahren. Klett-Cotta.
Renz M.: Grenzerfahrung Gott: Spirituelle Erfahrungen in Leid und Krankheit. Herder
Rost C. (Hrsg.): Ressourcenarbeit mit EMDR. Junfermann.
Streeck-Fischer A. u.a.: Körper, Seele, Trauma. Biologie, Klinik und Praxis. Vandenhoeck & Ruprecht.

Internet-Ressourcen

Informationen im Internet kommen und gehen. Deshalb werden hier keine konkreten Adressen angegeben. Wer gute Informationen sucht, findet diese beispielsweise bei Wikipedia. Oft werden dort auch weiterführende Links vermerkt.

ALLGEMEINER HINWEIS:
Unter der Adresse **www.google.de** können Sie jedes Schlagwort im Netz finden.